Zamyat M. Klein

Lebendige Seminare

Band 1

Zamyat M. Klein

Lebendige
Seminare

Band 1:
Kreative Methoden für
den Seminareinstieg
und die Themeneinführung

Bibliografische Informationen der Deutschen Nationalbibliothek

Die Deutsche Nationalbibliothek verzeichnet diese Publikation
in der Deutschen Nationalbibliografie; detaillierte bibliografische
Daten sind im Internet über http//dnb.d-nb.de abrufbar.

ISBN 978-3-86936-732-3

Lektorat: Susanne von Ahn, Hasloh
Umschlaggestaltung: Martin Zech Design, Bremen | www.martinzech.de
Umschlagfoto: Rawpixel/Fotolia.com
Fotos: Zamyat M. Klein
Satz und Layout: Lohse Design, Heppenheim | www.lohse-design.de
Druck und Bindung: Salzland Druck, Staßfurt
© 2016 GABAL Verlag GmbH, Offenbach

www.gabal-verlag.de
www.twitter.com/gabalbuecher
www.facebook.com/Gabalbuecher

Inhalt

Einleitung

Und noch ein Methoden-Buch!

Ja, es gibt schon viele, sogar schon eins von mir: „Kreative Seminarmethoden", erschienen 2003 auch beim GABAL Verlag. Warum also noch zwei weitere?

Ich habe diese weiteren Bücher zum Thema geschrieben, weil die Erfahrung zeigt, dass ein großer Bedarf an konkreten praktischen Methodenbüchern besteht. Mein „altes" Buch ist schon in der 7. Auflage und noch immer bekomme ich Feedback von Trainer-Kollegen, dass sie das Buch sehr schätzen und als Hilfe immer zu ihren Seminaren mitnehmen.

In meinen fast 40 Jahren Trainerdasein habe ich viele Methoden kennengelernt, weiter verändert oder auch selbst entwickelt, die ich nicht in der Schublade liegen lassen möchte; ich freue mich, wenn meine Kolleginnen und Kollegen davon profitieren können.

Methoden werden weitergereicht, wandeln sich, werden kombiniert oder eben auch immer wieder neu erfunden. Das macht den Trainern Spaß und fördert das Lernen der Teilnehmer.

Diese beiden neuen Bände sind kein Aufguss des alten, sondern ich zeige hier Methoden, die eine gute Ergänzung darstellen. In diesem Band und einem zweiten, der bald folgt, finden Sie eine große Sammlung von lebendigen und kreativen Seminarmethoden zu allen Seminarphasen. So können Sie schnell eine passende Methode für eine konkrete Seminarsequenz auswählen.

Themen dieses Bandes Dieser erste Band umfasst die Phasen Einstieg und Kennenlernen, Seminarerwartungen und Erfahrungsaustausch, Tageseinstieg, Tagesabschluss und Auswertung sowie Themenhinführung und Einführung in ein Thema.

Im zweiten Band finden Sie dann Methoden zu den Seminarphasen Erarbeitung, Wiederholung und Anwendung sowie zum Transfer, zur Auswertung und zum Abschluss.

Zur Orientierung Zu jeder Seminarphase finden Sie etliche Methoden. Jede Methode wird zu Beginn in einer Tabelle übersichtsartig vorgestellt hinsichtlich Ziel, Zeitbedarf, Gruppengröße, Sozialform und nötigem Material. Dann folgen eine kurze Methodenbeschreibung, Hinweise zur Durchführung, gegebenenfalls Beispiele, mögliche Varianten und Tipps zur Weiterarbeit sowie allgemeine Hinweise für Sie als Trainer. Zum Schluss jeder Methode führe ich die Eignung für unterschiedliche Lerntypen auf.

Lerntypen V A K steht für visuelle und auditive Typen sowie Kinästheten. Ich habe jeweils dazugeschrieben, warum diese Methode den jeweiligen Lerntyp anspricht. So können Sie diese Hinweise auch verstehen, wenn Sie sich noch nicht ausführlicher mit dem Lerntypenmodell beschäftigt haben.

Zeitangaben Ich finde es schwierig, Zeitangaben zu machen, da der Methodeneinsatz oft je nach Bedingungen unterschiedlich lange dauern kann. Das hängt sehr stark von der Gruppengröße ab und auch davon, welche Variante einer Methoden Sie einsetzen. Daher gebe ich nur ganz grobe Hinweise, ob es eine längere oder kürzere Übung ist. Konkret müssen Sie dann planen, wenn Sie die Methode genauer gelesen haben und wissen, welche Variante Sie wählen, wie viele Teilnehmer da sind und ob Sie insgesamt Zeit haben oder straffen müssen.

Auf meiner Website finden Sie unter

Online-
Ressourcen

http://zamyat-natur-seminare.de/downloads-zum-buch-
lebendige-seminare-band-1/

Das Passwort finden Sie auf Seite 206.

Zusatzmaterialien zu vielen Methoden und zahlreiche farbige
Fotos, die die Übungen veranschaulichen.

Ich wünsche Ihnen viel Spaß beim Ausprobieren der unterschiedlichen Methoden.

Zamyat M. Klein

Einstieg und Kennenlernen

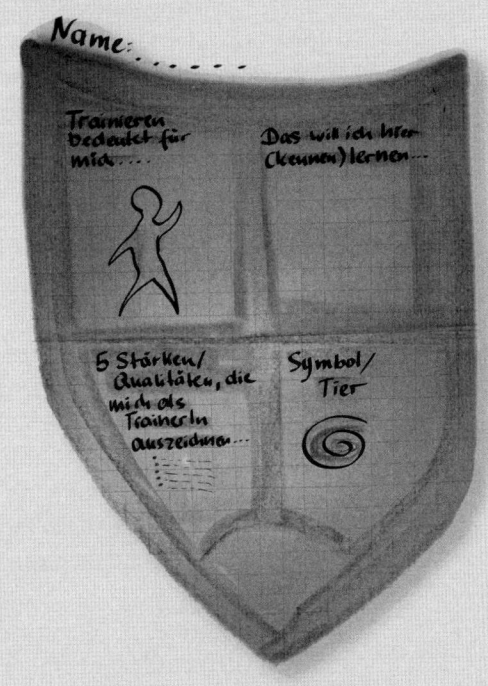

In diesem Kapitel finden Sie Methoden, die sich gut zu Beginn eines Seminars eignen, um die Namen der Teilnehmer kennenzulernen und erste Informationen über sie zu erhalten.

Einige dieser Methoden können Sie auch zwischendurch nutzen, etwa, wenn es um ein intensiveres Zusammenkommen als Gruppe oder im ganzen Team geht. Mit einigen Methoden können Sie eine direkte Verbindung zu einem Seminarthema herstellen und sie an der passenden Stelle einbauen.

Erste Orientierung für Ihre Teilnehmer

In einem Training oder Seminar kommt für kurze Zeit eine Gruppe von Menschen zusammen, die miteinander arbeiten wollen oder müssen. Sie kennen sich oft nicht, manchmal arbeiten sie aber auch schon zusammen.

Ein Training ist eine besondere Situation, die die Menschen aus ihrem Alltag herausholt. Sie befinden sich auf ungewohntem Terrain und kommen in einem anderen Kontext zusammen als sonst. Das schafft oft Unsicherheit und Orientierungslosigkeit.

Erwartungen klären
Selbst ausgebuffte Fortbildungsprofis brauchen etwas Zeit, um die Lage zu sondieren und sich einen Eindruck von der Gruppe und dem Trainer zu verschaffen. Auch davon, wie denn der Hase hier läuft, wie die Zusammenarbeit aussehen wird, welche Erwartungen der Trainer an die Teilnehmer hat und wie es um die Trainingskultur bestellt ist. Das meiste davon läuft unbewusst ab und wirkt daher umso stärker.

Wie Sie als Trainer zu Beginn die Weichen stellen, hat daher einen enormen Einfluss auf die weitere Zusammenarbeit: auf die Offenheit, auch problematische Themen zu besprechen, auf die Kommunikation der Teilnehmer untereinander und mit Ihnen.

Daher ist es keine verschwendete Zeit, sondern eine ausgesprochen sinnvolle Investition in Ihr erfolgreiches Training, wenn Sie den Teilnehmern mit Kennenlern-Übungen über diese erste Klippe hinweghelfen und ihnen damit Orientierung geben: So geht es hier zu!

Eine aufgelockerte Atmosphäre unterstützt intensives Lernen

Schaffen Sie eine lockere Atmosphäre, in der die Teilnehmer entspannt arbeiten können und schnell merken, dass ihnen keiner „was will", sie sich auch nicht beweisen müssen, sondern effektiv, produktiv, aber auch mit viel Freude zusammen arbeiten können.

Zudem stellen viele der hier vorgestellten Methoden einen Bezug zum Seminarthema her, was die Professionalität des Ganzen unterstreicht.

Dass sich Menschen mit Namen kennen und ansprechen, wenn sie intensiv zusammenarbeiten, sollte eine Selbstverständlichkeit sein. Da helfen Namensschildchen nicht immer, je nach Entfernung und Kurzsichtigkeit. Die Tisch-Schildchen fliegen auch schnell herum. Ein Spiel zum Namen-Kennenlernen erleichtert das Ganze und lockert gleichzeitig die Gruppe auf.

Namen kennenlernen

Methoden

Sie finden im Folgenden eine überreiche Auswahl an sehr unterschiedlichen Methoden, Spielen und Übungen. Die Tabelle zu Beginn gibt Ihnen eine erste grobe Orientierung.

Blättern Sie das Kapitel einfach durch und probieren Sie die Übungen aus, die Ihnen interessant erscheinen.

Es macht auch überhaupt nichts, wenn Sie daran etwas ändern und eigene Varianten entwickeln. Im Gegenteil, das ist auch Sinn der vorliegenden Sammlung: Sie zu ermutigen, Ihre eigenen Methoden zu entwickeln, die zu Ihrer Gruppe und zu Ihrer Trainerpersönlichkeit passen.

Sie finden hier kleine, kurze Einstimmungsübungen von fünf Minuten oder auch Methoden, die sich durch das ganze Seminar ziehen. Es gibt Methoden für die Gesamtgruppe (Plenum) ebenso wie Methoden für Paare oder Kleingruppen. Manchmal ist Material nötig, manchmal nicht.

Es ist also für jede Gelegenheit etwas dabei.

1. Anfangsbuchstaben

Ziel	Namen kennenlernen, Kreativität anregen
Zeitbedarf	10 – 15 Minuten
Teilnehmerzahl	bis 6, sonst in mehreren Kleingruppen durchführen
Sozialform	Arbeitsgruppen, im Stuhlkreis sitzend
Material	Papier, Stifte

Diese Methode können Sie vor allem dann einsetzen, wenn die Zur Methode Teilnehmergruppe nicht sehr groß ist und zum Beispiel die Übung „Namenskette" (siehe Kapitel I. 20) nicht so geeignet ist. Bei großen Gruppen würde die Methode in der Gesamtgruppe zu lange dauern. Sie können jedoch alternativ verschiedene Kleingruppen bilden. Die Methode erfordert Kreativität und schnelles Assoziieren und stellt so einen guten Einstieg in kreative Seminare dar. Da es jedem Teilnehmer überlassen bleibt, was und wie viel er von sich erzählt und preisgibt, wird schon einiges über die Anwesenden und die Gruppenstimmung deutlich.

Jeder Teilnehmer schreibt seinen Namen vertikal auf ein Blatt Papier. Mit jedem Buchstaben bildet er dann ein Wort, das etwas Durchführung über ihn aussagt: was er beruflich macht, welche Hobbys er hat, was er gerne tut, was ihm wichtig ist. Es bleibt jedem Teilnehmer selbst überlassen, wozu er etwas schreibt und was er den anderen von sich mitteilen will.

Anschließend lesen alle Teilnehmer reihum ihre Texte vor und erläutern sie kurz. Es darf natürlich auch nachgefragt werden. Sie als Trainer sollten sanft steuern, wie ausführlich die Kommentare sein dürfen. Sie können auch eine konkrete Zeitvorgabe für jeden Beitrag geben.

Beispiel

ZAMYAT:

Zaubern

Anfang

Malen

Yoga

Akquise

Türkei

Zaubern: Vor einigen Jahren habe ich im Rahmen einer modularen Trainerausbildung das Modul „Zaubern" übernommen, das kreative Seminarmethoden enthält.

Anfang: Ich fange immer wieder etwas Neues an, im Zweifel ein neues Buch oder ein neues Projekt.

Malen: Vor Jahren habe ich sehr viel gemalt und möchte es gerne wieder aufgreifen. Zurzeit bemale ich nur Steine, vor allem in der Türkei.

Yoga: Inzwischen mache ich wieder fast jeden Morgen Yoga, bevor ich mich an den PC setze. Das ist ein angenehmer Start in den Tag und gut für meinen Rücken.

Akquise: Kaltakquise mag ich gar nicht, die habe ich auch mal in einem Ritual beerdigt. Ich habe viele andere Formen von Marketing gefunden, die besser zu mir passen und mir Spaß machen. Ansonsten mache ich nur Warmakquise.

Türkei: Hier habe ich ein kleines Dorf direkt am Meer, aber ohne Massentourismus gefunden, in dem ich zwei Mal im Jahr für längere Zeit bin, Urlaub mache und arbeite, Bücher schreibe und Kreativitätsseminare anbiete.

Lerntyp V – schreiben und austüfteln
A – miteinander reden
K – persönlicher Kontakt und Emotionen

2. Ballonreise

Ziel	Kennenlernen über Begrüßungen in anderen Ländern, Warming-up
Zeitbedarf	10–30 Minuten, je nach Variante
Teilnehmerzahl	ab 8
Sozialform	Plenum, im Kreis stehend und durch den Raum laufend
Material	CD-Player, Musik aus verschiedenen Ländern, Gong

Dieses sehr lebhafte, aber auch zeitaufwendige Kennenlernspiel eignet sich nicht nur für interkulturelle Trainings. Wenn das Seminarthema allerdings einen Bezug zu anderen Ländern, Kulturen oder Gewohnheiten hat, können Sie darauf eingehen. **Zur Methode**

Alle stehen im Kreis und der Trainer erzählt die Rahmengeschichte von dem Zauberballon, mit dem alle gemeinsam in verschiedene Länder fahren. Immer wenn der Ballon landet, ertönt entsprechende Musik aus dem Land. **Durchführung**

Der Trainer zeigt dann, wie man sich in Gestik und Sprache dort begrüßt, anschließend laufen alle herum und begrüßen sich auf diese Weise.

Wenn der Gong ertönt, laufen alle wieder in den Kreis (Ballon) zurück und die Reise geht weiter.

. . . .

Beispiel

Wir fahren los

Damit der Ballon überhaupt starten kann, müssen wir erst gemeinsam einige Sandsäcke aus dem Korb abwerfen (pantomimisch gemeinsames Bücken und Säcke-Herauswerfen).

Wir schauen nach unten (der Boden des Korbes ist aus Glas, sodass wir hindurchschauen können) und sehen, wie die Häuser und Straßen immer kleiner werden. Die Autos und Menschen werden zu Punkten, wir schweben über Wiesen, Felder und Wälder ... bis wir irgendwann über dem Meer sind.

In der Ferne taucht eine kleine Insel auf ...

Ewige Ferieninsel

Dies ist eine Insel, auf der die Menschen immer Ruhe und Muße haben. Es gibt aber einen Marktplatz, wo sich die Menschen als Erinnerung an ihr früheres hektisches Leben ganz schnell bewegen und ganz schnell die Hand geben und sagen: „Guten Tag, wie geht's?" – so vielen wie möglich und so schnell wie möglich – und sich dabei Anteil nehmend in die Augen schauen.

Wir fahren weiter und merken, wie es immer wärmer wird ...

Indien

Wir sind in Indien gelandet und begrüßen die Menschen, denen wir begegnen, auf landesübliche Art. Dazu legen wir die Handflächen vor der Brust aneinander (wie zum Gebet) und sagen: „Namasté", wobei die Betonung auf der letzten Silbe liegt. Das kann man übersetzen mit: „Ich grüße das Licht in dir."

Musik: indische Musik

Wir fahren weiter und es wird merklich kälter ...

Japan

Wir landen frühmorgens um vier Uhr auf einem schneebedeckten Hügel in Japan, direkt neben einem Zen-Kloster. Die Mönche werden gerade mit Trommeln zur Frühmeditation gerufen, zum Zazen. Sie kommen mit ihren schwarzen Kimonos und geschorenen Köpfen schnell in den Zendo, den Meditationsraum, den sie nach bestimmten Ritualen betreten.

Sie haben nur wenig Zeit, sich auf ihre schwarzen runden Kissen (Zafu) zu setzen und dann unbeweglich im Lotossitz sitzen zu bleiben, sobald der Gong ertönt. Dann beginnen sie ihre Morgen-Sutren zu rezitieren.

Wir setzen uns ebenso hin und hören eine Weile zu ...

Dann erheben wir uns leise und gehen hinunter in den nächsten Ort und grüßen die Menschen dort. Dabei legen wir die Hände flach auf die Oberschenkel oder an die Seiten, knicken in der Hüfte ein und verneigen uns mit geradem Oberkörper, dabei lächeln wir und sagen: „Sayonara Peter-san."

Oder – wenn wir im alten Japan der Samurai-Zeiten gelandet sind – wir sagen „konishiwa".

(Soweit ich weiß, hängt die Tiefe der Verneigung von der Hierarchie ab, ein Untergebener verneigt sich tiefer als ein Höhergestellter – wahrscheinlich eine der vielen für Ausländer fast undurchschaubaren Regeln, bei der man in alle Fettnäpfe treten kann.)

Musik: zunächst Aufnahmen von japanischen Zen-Mönchen, die das Herz-Sutra rezitieren (The Sound of Zen, International Dalbo-satu Zendo), in der zweiten Phase japanische Flötenmusik

Afrika (Kenia)

Weiter geht unsere Reise. Während der Ballon nach unten schwebt, wird es merklich wärmer und wir hören schon die rhythmischen Trommeln. Wir fühlen uns ermuntert, uns danach zu bewegen. Es ist ein mitreißender, fröhlicher Rhythmus.

Wenn wir anderen Menschen begegnen, spielen wir mit ihnen ausgiebig das Begrüßungsritual, das sehr vielfältig und variabel ist: Wir nehmen die Hand des anderen, schütteln sie, dann verhaken wir die Finger, die zu einer Kralle geformt sind. Anschließend schlagen wir uns gegenseitig von der Seite gegen die Handflächen. Das Ganze wiederholen wir etliche Male.

Wenn wir eine Frau begrüßen, sagen wir „Jambo bibi" und wenn wir einen Mann begrüßen „Jambo bwana". (Jambo wird wie Djambo ausgesprochen.)

Musik: Trommelmusik, zum Beispiel von „Olatunji" oder von Mustapha Tettey Addy

Frankreich

Nun sind wir in Frankreich – und natürlich in Paris gelandet. Hier treffen wir die unterschiedlichsten Leute, die wir mit angedeuteten Küsschen und Umarmungen begrüßen. Wir geben einander Küsse auf die Wange oder in die Luft – je nachdem, wie wir zueinander stehen oder wie uns zumute ist.

Musik: französische Chansons

Arabien

Wir landen in der arabischen Wüste, offensichtlich nicht weit von einer Oase entfernt, denn wir können in der Ferne den Ezan hören, den islamischen Gebetsruf, der fünfmal am Tag ertönt und die Menschen zum Gebet auffordert oder in die Moschee ruft.

Wir hören eine Weile zu und gehen dann weiter bis zur Oase und grüßen die Menschen dort mit „Salam aleikum" (der Friede sei mit dir). Und die Antwort lautet: „Aleikum wa salam" (auch mit dir sei der Friede).

Wir können auch eine kleine Zeitreise machen und uns begrüßen, wie es in meinem Lieblingsfilm „Lawrence von Arabien" zu sehen ist: Wir führen unsere rechte Hand nacheinander an die Stirn, an die Lippen und an die Brust und dann den Arm in einer weit ausholenden Bewegung nach hinten und verneigen uns dabei leicht und sagen dabei „Salam".

Diese Geste besagt: Ich grüße dich mit Gedanken, mit Worten und mit meinen Gefühlen.

Musik: CD von Tümata (www.otagmusik.com), Musik der Derwische; später arabische Musik oder Bauchtanzmusik

Amerika

Da die Menschen hier wenig Zeit haben, geht die Begrüßung sehr schnell ... nach freier Wahl: Wie klopfen uns auf die Schulter oder schlagen die Handflächen gegeneinander.

Musik: Jazz oder Rock 'n' Roll

Türkei

Nun kommen wir in ein Land, in dem viele Feste gefeiert werden, die sich oft über Tage hinziehen.

Und wir haben Glück: Es findet gerade eine türkische Hochzeit statt, bei der natürlich lecker gegessen, getrunken und ausgiebig getanzt wird. Wir tanzen eine Weile mit ... dann gehen wir weiter und schauen uns im Ort um.

Wir begrüßen die Menschen mit „Merhaba" (Hallo) – oder, wenn wir eine Autoritätsperson treffen (ältere Verwandte, Höhergestellte), mit dem türkischen Handkuss. Dabei wird die Hand des anderen an die Lippen geführt und dann an die Stirn. Dazu kann man ebenfalls „Merhaba" sagen oder je nach Tageszeit „Günaydın" – guten Morgen – oder „İyi akşamlar" – guten Abend.

Musik: türkische Hochzeitänze, in türkischen Geschäften nachfragen

Russland

Wir landen in der eiskalten russischen Steppe. Es ist gerade ein Feiertag und wir hören eine russisch-orthodoxe Liturgie.

Anschließend wird dann gefeiert, gesungen, getrunken und getanzt. Wir mischen uns auch hier wieder unter die Feiernden und tanzen den „Säbeltanz". Schon wird es uns warm und Sprachbarrieren spielen auch keine Rolle mehr ...

Musik: „Säbeltanz" aus „Gayaneh" von Khatschaturian

Griechenland

Und wieder nähern wir uns einem Land, in dem gerne und viel gefeiert wird. Vielleicht haben wir wieder Glück und es ist auch hier ein Feiertag?

Einerseits haben wir Glück, denn es ist tatsächlich ein Feiertag, und zwar Ostern. Andererseits sind wir aber auf dem Berg Athos gelandet, dessen Betreten Touristen verboten ist. Wir hören die Mönche gerade wunderschön die Vesper am Ostersonntag singen und schleichen uns ganz leise wieder in unseren Ballon, um einen zweiten Versuch zu starten.

Diesmal landen wir auf einer Insel, auf der gerade ein mehrtägiges Fest im Gange ist. Wir tanzen natürlich mit ... und falls wir noch dazu kommen, grüßen wir die Menschen mit „Yassu" (mit langem „a"), das heißt so viel wie „Hallo" und passt fast immer. Ansonsten grüßen wir mit „Kalimera" – guten Morgen – oder „Kalispera" – guten Abend.

Wir beenden unseren Besuch mit einem griechischen Tanz ...

Musik: Ostern auf dem Berg Athos, Archiv-Produktion; griechische Tänze

Zugabe: Indianer-Tanz

Wenn das noch nicht reicht:
Als ganz besonderen Abschluss besuchen wir manchmal noch Indianer, die mit uns in der Natur einen ihrer Tänze aufführen. Da es dort (zum Glück) keinen CD-Player gibt, singen wir selber dazu: hey yanna hey yanna hey yanna hey.

Die Tanzbeschreibung finden Sie in „Kreative Geister wecken", die Melodie singe ich auf Anfrage nach wie vor auf Ihren Anrufbeantworter.

Sie können auswählen, welche Länder Sie besuchen und wie lange das Spiel dauern soll. **Hinweis**

In meiner Ursprungsfassung dauerte es eine halbe Stunde und endete in einem Tanz. Allerdings waren das damals 14-tägige Einweisungsseminare für Lehrer, die mit ausländischen Jugendlichen arbeiteten.

Sie sehen an meinem Beispiel, dass ich am Anfang oft religiöse oder spirituelle Musik einsetze und dann noch eine „weltliche" Ausgabe mit Tänzen und Liedern. Das ist in Seminaren interessant, in denen es darum geht, sich mit „Fremdem" und anderen Kulturen auseinanderzusetzen oder auch einfach nur mit Musik, die bislang vielleicht noch nicht so vertraut ist.

Eine Anleitung kann sein, dass die Teilnehmer beobachten, wie die Musik auf sie wirkt, welche Gefühle und Gedanken sie auslöst usw. Es muss anschließend nicht darüber gesprochen werden, es geht einfach um eine offene Wahrnehmung – und vielleicht neue verblüffende Erfahrungen.

Lerntyp   A – Musik und Sprache (Begrüßung)
K – durch den Raum bewegen, lachen, Gestik, tanzen

3. Ballspiele

Ziel	Namen kennenlernen, einen Gruppen-Rhythmus finden
Zeitbedarf	10 Minuten
Teilnehmerzahl	ab 8
Sozialform	Plenum, im Kreis stehend
Material	Bälle, in Variante 4 zusätzlich eine Flasche, evtl. Wurfmatz oder Plastikgegenstände zum Werfen

Zur Methode   Mit dieser Methode bringen Sie die Teilnehmer in Bewegung. Sie können sie mit unterschiedlicher Zielsetzung und in verschiedenen Varianten durchführen.

Durchführung   Die Teilnehmer und der Trainer stehen im Kreis. Einer wirft einen Ball einem anderen zu, der ihm möglichst gegenübersteht. Dieser wirft ihn wieder einem anderen zu, der ihm auch in etwa gegenübersteht usw. Das Gegenüberstehen ist deshalb wichtig, weil es sonst bei mehreren Bällen leicht zu Kollisionen kommt, wenn die Teilnehmer den Ball nur seitwärts werfen.

Jeder bekommt den Ball nur einmal und soll sich merken, von wem er den Ball erhalten hat und wem er ihn zugeworfen hat. In einem zweiten Durchgang wird die Reihenfolge genau wiederholt, damit sie wirklich sitzt.

Nach und nach geben Sie dann immer mehr Bälle in das Spiel. Es kann geschehen, dass sich mit der Zeit ein Rhythmus entwickelt.

Wenn dann einige Runden mit beispielsweise sieben Bällen gelaufen sind, nehmen Sie nach und nach wieder jeweils einen Ball aus dem Spiel, bis es wieder mit einem endet.

Nach meiner Erfahrung wird es oft sehr laut und ich bitte dann die Teilnehmer, einen Moment ruhig zu sein, damit sich ein Rhythmus entwickelt und sie ihn wahrnehmen können.

Hinweis

Variante 1: Namen kennenlernen und Achtsamkeit

Varianten

Der Trainer wirft unvermittelt und ohne Vorwarnung einem Teilnehmer einen Ball zu. Der kann ihn dann wahrscheinlich nicht fangen. Daraufhin stellt der Trainer die Frage: „An wem lag es, dass er den Ball nicht fangen konnte?" Antwort: „Am Werfenden."

Was ist notwendig, damit der andere den Ball fangen kann?

- Kontakt herstellen: Blickkontakt, mit Namen ansprechen
- Wenn ich den Namen nicht kenne, vorher nachfragen

Die Aufgabe besteht nun darin, den Ball so zu werfen, dass der andere ihn fangen kann. Wenn er herunterfällt, muss der Werfende ihn holen und neu werfen.

Variante 2: Namen wiederholen

Der Verlauf ist wie oben, nur sagt oder ruft jeder erst seinen Namen und dann den Namen des Teilnehmers, dem er den Ball zuwirft: „von Zamyat an Michael, von Michael an Gisela" usw. Mit der Zeit rufen alle durcheinander …

Eine weitere Variante: Jeder ruft den Namen des Teilnehmers, von dem der Ball kommt, und den Namen desjenigen, dem er den Ball zuwirft.

Variante 3: Gruppenrhythmus

Sie beginnen wie unter Variante 1, aber mit der Aufgabenstellung: Wie bekommen wir als Gruppe ein System hin, alle sieben Bälle gleichzeitig am Laufen zu halten und einen Rhythmus zu finden?

Variante 4: Alltag eines Unternehmens

1. Der normale Alltag
Alle stehen im Kreis, ein Ball wird von einem Teilnehmer zum anderen geworfen. Dieser Ball stellt den Alltag eines Unternehmens dar. Jeder merkt sich, wem er den Ball zugeworfen hat und von wem er seinen Ball bekommen hat. Wer an der Reihe war, verschränkt anschließend die Arme, sodass jeder den Ball nur einmal bekommt.

2. Der Dienstweg
Die Teilnehmer werfen sich den Ball in der Reihenfolge der ersten Runde zu. So simulieren sie den Alltag des Unternehmens mit dem immer gleichen Trott. Nach einigen Runden führt der Trainer den Dienstweg des Unternehmens ein. Dies ist eine Flasche, die im Kreis linksherum weitergereicht wird. Der Dienstweg bewegt sich langsam von einem Zuständigen zum anderen. Gleichzeitig wird der Alltag des Unternehmens fortgesetzt.

3. Die Sonderaufgabe

Nach einigen Runden werden Sonderaufgaben vergeben. Dazu wird ein zweiter, größerer Ball eingeführt. Sonderaufgaben können einen zu jeder Zeit treffen und so werden die Bälle nicht in einer festgelegten Reihenfolge geworfen, sondern in einer beliebigen Folge.

Statt eines größeren Balls können Sie auch etwas Merkwürdiges herumwerfen (einen Wurfmatz, ein Plastikgehirn, ein Spaghetti-Frisbee) oder zumindest einen sehr besonderen Ball. Es gibt beispielsweise Bälle, die blinken, wenn man fest daraufdrückt oder sie sich zuwirft.

4. Erweiterungen/Abteilungsumstrukturierung

Klatscht einer der Teilnehmer einmal in die Hände, wird die Abteilung umstrukturiert. Alle Braunhaarigen (oder alle Brillenträger usw.) wechseln die Plätze. Die Schwierigkeit besteht darin, die Wurfreihenfolge des Alltags trotzdem beizubehalten.

5. Produktionsbeschleunigung

Der Trainer behauptet, die ausländische Konkurrenz könne den Arbeitsalltag aus Runde eins in der Hälfte der Zeit bewältigen. Die Teilnehmer werden aufgefordert, sich etwas einfallen zu lassen, um den Ball in kürzerer Zeit in der gewählten Reihenfolge von einem zum anderen wandern zu lassen. Die einzelnen Versuche zur Beschleunigung können mit der Stoppuhr gemessen werden.

Wie die Bälle weitergegeben oder geworfen werden, ist gleichgültig. Die alten Regeln fallen dabei weg und es können ganz neue Wege gesucht werden.

Bei der letzten Variante müssen Sie nicht sämtliche Runden durchspielen. Manchmal reichen die ersten drei, um Leben und Aktivität in die Gruppe zu bringen – oder nur die Produktionsbeschleunigung, wenn es um Teamarbeit geht. Dabei können Sie auch zwei Gruppen bilden, die im Wettstreit miteinander stehen.

Hinweis

Wer den schnellsten Durchlauf schafft, hat gewonnen.

Lerntyp   A – bei manchen Varianten Namen sagen
           K – bewegen, Bälle werfen, spielen

4. Besonderheiten

Ziel	Kennenlernen, etwas übereinander erfahren, Applaudieren einführen
Zeitbedarf	5 Minuten
Teilnehmerzahl	beliebig
Sozialform	Plenum, im Kreis stehend
Material	Bälle, in Variante 4 zusätzlich eine Flasche, evtl. Wurfmatz oder Plastikgegenstände zum Werfen

Zur Methode   Bei dieser Übung erfahren die Teilnehmer schon einiges übereinander. Gleichzeitig kann damit eine Kultur des Applaudierens eingeführt werden, sei es für eine besondere „Leistung" oder besonderen Mut oder dafür, ganz anders als die anderen zu sein.

Das kann vor allem beim Thema „Veränderungsprozesse" unterstützen und das Ganze bekommt gleichzeitig eine spielerische Seite. In die Hände zu klatschen hat außerdem eine energetisierende Wirkung und macht wach.

Durchführung   Zuerst „üben" Sie mit den Teilnehmern zwei- bis dreimal heftigen Applaus. Sie sollen sich an eine Situation erinnern, bei der sie enthusiastisch applaudiert haben. Es darf ruhig übertrieben sein.

Anschließend nennen Sie eine bestimmte Eigenschaft oder Verhaltensweise.

Alle, auf die diese Aussage zutrifft, gehen in die Mitte des Kreises und die Umstehenden applaudieren heftig und rufen „Bravo".

Die Übung beenden Sie, solange die Gruppe noch richtig bei der Sache ist.

Beispiele

- spielt ein Musikinstrument
- besteigt Berge
- geht im Urlaub campen
- hat mehr als drei Geschwister
- arbeitet gerne im Garten
- hat Verwandte im Ausland
- ist schon mal in einem Theaterstück aufgetreten
- hat gemalt oder sonst ein Werk geschaffen, das gerahmt an der Wand hängt
- jagt
- angelt
- surft
- ist seit mehr als 15 Jahren verheiratet
- war schon mal in Afrika
- hat mal in einem Chor gesungen
- hat ein Buch geschrieben
- wäscht gerne ab
- hat ein Haus gebaut
- hat einen Baum gepflanzt
- kann gut kochen
- kann Gedichte auswendig rezitieren

Variante

Die Teilnehmer berichten selbst etwas von sich, von dem sie meinen, dass das sonst kaum jemand hat oder macht. Jeder, auf den das auch zutrifft, geht in die Mitte. Es wird auf jeden Fall applaudiert, auch wenn jemand alleine dort steht. Dann wird seine Einzigartigkeit damit gewürdigt.

5. Erster und letzter Eindruck

Ziel	Wahrnehmung sensibilisieren
Zeitbedarf	1. Tag 15 Minuten, letzter Tag 15 Minuten
Teilnehmerzahl	beliebig
Sozialform	Einzelarbeit
Material	Arbeitsblätter
Online-Ressourcen	Arbeitsblätter: http://zamyat-natur-seminare.de/downloads-zum-buch-lebendige-seminare-band-1/ (Passwort: zmk82Fc5M#)

Zur Methode   Diese Übung wird am ersten und am letzten Tag eines Trainings eingesetzt. Die Teilnehmer werden gegenüber ihrer Wahrnehmung sensibilisiert, vor allem auch dafür, wodurch solche Wahrnehmungen entstehen und wie sie sich verändern können.

Durchführung   Zu Beginn des Seminars, wenn sich die Teilnehmer noch nicht kennen, werden Paare gebildet. Am besten schreiben Sie vorher jeden Namen auf einen Zettel und jeder zieht einen. Die Partner müssen sich nicht nebeneinander setzen.

Wenn jemand seinen eigenen Namen gezogen hat, wird der Zettel wieder eingetauscht.

Jeder notiert für sich seinen ersten Eindruck vom Partner, alle Assoziationen, Vermutungen, Gedanken und Gefühle. Es ist wichtig, vorher darauf hinzuweisen, dass die Teilnehmer die Notizen niemals veröffentlichen müssen, sondern die Übung nur für sie alleine ist, damit sie sich nicht innerlich zensieren, sondern möglichst ehrlich sind.

Am letzten Seminartag macht sich wieder jeder Notizen zu der gleichen Person, ohne auf die früheren Zettel zu schauen. Er schreibt auf, welche Gefühle, Gedanken, Eindrücke und Assoziationen er zu diesem Zeitpunkt zu diesem Menschen hat.

Anschließend erst vergleicht er diese Notizen mit denen vom ersten Tag.

Beispiel

1. Arbeitsblatt für Teilnehmer

Erster Tag
Schauen Sie sich den Teilnehmer, dessen Namen Sie gezogen haben, kurz an.

Notieren Sie dann Ihre ersten Eindrücke zu diesem Teilnehmer, bevor Sie die folgenden Fragen lesen. Die Fragen lesen Sie bitte erst im zweiten Schritt.

Schreiben Sie jetzt zuerst kunterbunt alles auf, was Ihnen in den Sinn kommt, Sie können mit einer äußeren Beschreibung anfangen, um in Schwung zu kommen, und dann weitere Gedanken, Eindrücke und Vermutungen notieren.

Mein erster Eindruck

Fragen
Lesen Sie nun folgende Fragen als Anregung und ergänzen Sie eventuell Ihre bisherigen Notizen. Machen Sie sich noch

einmal klar: Sie müssen mit niemandem darüber sprechen und niemandem Ihre Notizen zeigen. Und Sie lernen am meisten von dieser Übung, wenn Sie vollkommen ehrlich sind.

- Ist Ihnen die Person eher sympathisch oder unsympathisch? Woran liegt das?

_____

- Was macht er/sie vielleicht beruflich? Was wäre ein typischer Beruf? (ruhig Klischees nennen)

_____

- Was hat er/sie wohl für Hobbys?

_____

- Was sind seine/ihre Charaktereigenschaften? Ist es ein eher ruhiger oder lebhafter Typ? Introvertiert oder extrovertiert?

_____

- Welche Rolle wird diese Person wohl in der Gruppe einnehmen?

_____

- Werden Sie von dieser Person hier etwas lernen können?

_____

■ Können Sie sich vorstellen, sich mit diesem Menschen hier im Seminar anzufreunden?

_____

■ Haben Sie wohl gemeinsame Interessen?

_____

■ Was ist wohl der größte Wunsch der Person?

_____

■ Was ist das größte Problem dieser Person? (Lassen Sie bei diesen beiden Fragen einfach Ihrer Fantasie freien Lauf, es geht nicht darum, dass das richtig ist, was Ihnen spontan einfällt.)

_____

■ Wenn Ihnen durch diese Fragen noch weitere Ideen gekommen sind, notieren Sie auch diese noch.

_____

2. Arbeitsblatt für Teilnehmer

Letzter Tag
Beantworten Sie für sich folgende Fragen und machen Sie sich dazu Notizen:

■ Hat sich an meiner Wahrnehmung etwas verändert? Wie?
■ Ist sie detaillierter geworden?

■ Hat sich der Fokus verschoben? (Sind andere Dinge in den Vordergrund getreten?)

_____

■ Woran lag es, wenn sich meine Wahrnehmung verändert hat?
  − am Verhalten des Teilnehmers
  − am näheren Kennenlernen
  − an etwas anderem

_____

■ Wie ging es mir mit der Übung?
  − am ersten Tag
  − am letzten Tag

_____

■ Welche Erkenntnisse kann ich daraus ziehen?

_____

■ Gibt es etwas, das ich zukünftig anders machen / beachten möchte?

_____

Mögliche Weiterarbeit	Sie können eine kurze Reflexion anschließen. Diese kann jeder für sich vornehmen. Stichworte dazu finden Sie auf den obigen Arbeitsblättern.
Lerntyp	V – wahrnehmen, notieren A – Austausch, nur in der Reflexionsphase K – Gefühle, Beziehung wahrnehmen

6. Flohmarkt

Ziel	Kennenlernen, Einstieg in ein Thema, Anker
Zeitbedarf	je nach Variante rund 15 Minuten
Teilnehmerzahl	beliebig
Sozialform	Plenum, im Stuhlkreis sitzend
Material	mindestens so viele Gegenstände wie Teilnehmer, evtl. Decke, Flipchart

Mit Gegenständen bieten Sie den Teilnehmern eines Seminars einen freien Raum für Assoziationen. Ganz gleich, welche Gegenstände Sie auswählen, es werden immer solche Assoziationen gebildet, die etwas über die momentane Situation, die Gefühle und Erlebnisse Ihrer Teilnehmer aussagen. **Zur Methode**

Sie sammeln Gegenstände unterschiedlicher Art und legen sie vor Seminarbeginn in die Mitte des Stuhlkreises oder auf einen Tisch (falls Sie an Tischen arbeiten). Sie können ein schönes Tuch darunterlegen. **Vorbereitung**

Die Gegenstände müssen keinerlei Bezug zum Seminarthema haben, können es aber, wenn Sie dies als sinnvoller empfinden. Es sollten ganz unterschiedliche Dinge sein, vielleicht besonders ästhetische und schöne, witzige oder außergewöhnliche.

Ich habe im Laufe der Jahre eine riesige Sammlung an Alltagsgegenständen, Spielzeugen und verrückten Requisiten aus Karnevalsgeschäften erworben, die ich aber auch mit einem alten Gipsarm kombiniere, einem kaputten Teil aus der Waschmaschine, einer Glühbirne oder was auch immer ich in meinem Keller oder auf dem Dachboden finde.

Durchführung Sie können diese Übung gleich als allerersten Einstieg in das Seminar machen, bevor Sie irgendwelche organisatorischen Dinge klären (das mache ich ohnehin immer erst später, wenn sich die Gruppe schon etwas kennt) und irgendetwas zum Kennenlernen durchgeführt haben. Das macht den Verblüffungseffekt umso größer.

Sie können sie aber auch nach einer Übung zum Kennenlernen einsetzen.

Sie bitten die Teilnehmer, sich einen Gegenstand auszuwählen. Das kann bedeuten, dass jeder den Gegenstand aus der Mitte nimmt, es kann aber auch rein gedanklich passieren, sodass mehrere Teilnehmer den gleichen Gegenstand wählen können.

Erst anschließend stellen Sie dann die nächste Aufgabe (diese visualisieren Sie am besten auf einem Flipchart):

Jeder soll
1. sagen, warum er den Gegenstand gewählt hat (damit erfährt man ein wenig über die Person),
2. eine Assoziation zum Seminarthema herstellen (dabei ist dann Kreativität gefragt und Sie können schon einmal feststellen, wem so etwas leichtfällt und wer sich eher schwertut).

Gegenstände

1. Warum habe ich diesen Gegenstand gewählt?

2. Was hat er mit dem Seminarthema zu tun?

➤ Bitte einfach drauflos assoziieren, „spinnen", Kreative Gedanken-Verbindungen schaffen :-

Sie können natürlich auch Hilfestellung geben.

So sind Sie schnell mitten im Seminarthema, bekommen schon einen ersten Eindruck von der Gruppe und die Teilnehmer untereinander lernen sich ein wenig kennen. Je nach Thema können Sie auch schon feststellen, wie die Einstellung oder Vorerfahrung der Teilnehmer dazu ist.

Variante 1: Fragestellung vorher thematisieren Varianten

Im obigen Beispiel haben Sie ja erst die Fragestellung genannt, nachdem die Teilnehmer den Gegenstand ausgewählt haben. Sie können natürlich auch vorher die Aufgabenstellung nennen: „Wählen Sie einen Gegenstand, der für Sie einen Aspekt des Themas XY darstellt." Oder: „Wählen Sie einen Gegenstand, der das symbolisiert, was Sie hier lernen/verändern/bearbeiten wollen." usw.

Variante 2: Vorbereitung durch die Teilnehmer

Sie können die Teilnehmer in einem Brief vor dem Seminar bitten, einen oder zwei Gegenstände mitzubringen, die in Zusammenhang mit dem Thema stehen.

. . . .

Beispiele

- „Bitte bringen Sie einen Gegenstand mit, der für Sie das Thema ‚Prüfungsangst' symbolisiert."
- „Bitte bringen Sie etwas mit, das für Sie die Überwindung von Prüfungsangst symbolisiert."
- „Bitte bringen Sie einen Gegenstand mit, der Ihr Problem mit dem ‚Zeitmanagement' symbolisiert."
- „Bitte bringen Sie etwas mit, das Ihr Ziel in Sachen Zeitmanagement verdeutlicht."

. . . .

Variante 3: Als Einstimmung oder Anker

Sie können Gegenstände auch bei der Themenbearbeitung oder in anderen Seminarphasen einsetzen.

So richte ich beispielsweise vor der Durchführung der Walt-Disney-Strategie die „drei Räume" in drei Ecken des Seminarraums ein. In die Ecke des Träumers lege ich einen kleinen Clown in einen Mini-Liegestuhl, die Füße auf einem Igelball, beim Handelnden eine Plastikschaufel oder einen Zollstock, beim Kritiker eine Lupe und einen überdimensionalen Taschenrechner.

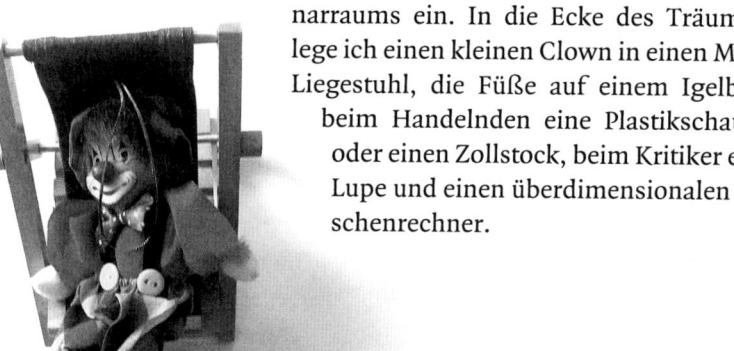

Variante 4: Unter der Decke

Bei meinem Kollegen Ralf Besser habe ich die Variante gesehen, dass er Gegenstände unter einem Tuch versteckt auf dem Boden liegen hat. Das sorgt für Neugier und Interesse. Er fischt dann nach und nach die Gegenstände hervor, während er ein Thema erläutert.

Lerntyp   V – etwas (Auffälliges) sehen
A – Assoziationen äußern
K – Überraschungen und spielerische Elemente,
     Gegenstände anfassen

7. Gebrauchsanweisung[1]

Ziel	Kennenlernen, kreative Assoziationen, Vekaufsstrategien oder anderes spielerisch gestalten
Zeitbedarf	15 Minuten
Teilnehmerzahl	beliebig
Sozialform	Einzelarbeit, Plenum im Stuhlkreis
Material	Flipchart

Zur Methode

Diese Übung erfordert von den Teilnehmern einiges an Kreativität und kann ganz am Anfang vielleicht sogar etwas Stress auslösen. Je nach Seminarthema ist sie aber gleichzeitig ein guter Einstieg in die Veranstaltung. Beim Thema „Kreativitätstechniken" können Sie die Übung als Kreativtraining sehen, beim Thema „Marketing" oder „Verkauf" ist sie ebenfalls eine gute Fingerübung.

Ermutigen Sie die Teilnehmer außerdem, das Ganze spielerisch zu sehen.

Durchführung

Die Teilnehmer sollen mithilfe der vorgegebenen Stichworte eine „Gebrauchsanweisung" zu sich selbst schreiben. Die Stichworte stehen für alle sichtbar auf einem Flipchart. Die Teilnehmer schreiben ihre Gebrauchsanweisung auf ein Blatt oder auf ein Flipchart und stellen sie anschließend dem Rest der Gruppe vor. Die anderen können nachfragen.

Wenn die Gruppe zu groß ist und die Vorstellung daher zu viel Zeit kosten würde, können Sie die Vorstellung auch in kleineren Gruppen durchführen lassen. Danach hängen alle ihre Gebrauchsanweisungen auf, sodass auch die anderen später alles nachlesen können.

Beispielstichworte

- Aktuelles Einsatzgebiet
- Weitere Anwendungsmöglichkeiten
- Seit wann auf dem Markt?
- Wartung und Pflege
- Haltbarkeit
- Risiken und Nebenwirkungen
- Vergleich mit Konkurrenzprodukten
- Verbraucherecho
- Testberichte
- Kosten-Nutzen-Relation
- Produktdesign

Varianten 1. Sie können anhand der Stichworte auch ein Partnerinterview durchführen lassen.
2. Wenn die Teilnehmer sich schon kennen, da sie beispielsweise aus einer Abteilung kommen, können sie die Gebrauchsanweisung auch für einen anderen Teilnehmer schreiben.

Lerntyp V – schreiben
A – Austausch
K – Kreativität

8. Gegenstände 1

Ziel	Kennenlernen, kreative Assoziationen, Verkaufsstrategien oder anderes spielerisch gestalten
Zeitbedarf	15 Minuten
Teilnehmerzahl	beliebig
Sozialform	Plenum, im Stuhlkreis sitzend
Material	Gegenstände

Bei dieser Form gibt es keine feste Struktur, nach der sich die Teilnehmer vorstellen, sondern sie haben es selbst in der Hand. Es erscheint rein zufällig, was sie von sich berichten, doch das Unbewusste spielt schon eine Rolle bei dem, was jeder auswählt. Es handelt sich um eine Abwandlung von Methode I.6. **Zur Methode**

In die Mitte des Raumes legen Sie verschiedene Gegenstände, mehr als Teilnehmer im Seminar sind. **Vorbereitung**

Sie bitten jeden Teilnehmer, einen Gegenstand auszuwählen. Entweder lassen Sie es offen oder Sie sagen schon im Vorfeld, dass der Gegenstand etwas mit der eigenen Person zu tun haben soll. **Durchführung**

Wenn jeder einen Gegenstand gewählt hat, stellt sich jeder anhand seines Gegenstandes vor. Er nennt seinen Namen und sagt, warum er diesen Gegenstand ausgewählt hat und was er mit seiner Person zu tun hat.

Diese Verknüpfung soll und kann auch bei der ersten Variante hergestellt werden.

Varianten Variante 1

Die Teilnehmer stellen sich aus der Sicht des Gegenstandes vor. Das ist nur eine sprachliche Veränderung, die aber einen sehr witzigen Effekt hat und eine große Konzentrationsübung darstellt.

Variante 2

Sie können auch Stichworte vorgeben, zu denen die Teilnehmer in Verbindung mit dem Gegenstand etwas sagen sollen.

Beispiele

- Warum habe ich ihn ausgewählt?
- Was hat er mit mir zu tun?
- Wie gefällt er mir?
- Was kann man damit machen?
- Was kann man sonst noch damit machen?
- Wem könnte ich ihn schenken?
- Was könnte er mir zu einem bestimmten Thema/Problem sagen/raten?
- Was könnte ein Beduine in der Sahara (ein Eskimo im Eis) damit anfangen?
- Wie und wem könnte ich ihn verkaufen?

Natürlich sollten Sie nicht so viele Fragen vorgeben, sondern sich einige wenige aussuchen, je nach dem Ziel, das Sie mit der Übung verfolgen.

Lerntyp V – Gegenstände anschauen
A – sich vorstellen, etwas von sich erzählen
K – Gegenstände anfassen, Geschichten dazu erfinden, Kreativität

9. Gruppenbild

Ziel	Nonverbales Zusammenkommen, Gruppen- oder Teamarbeit fördern
Zeitbedarf	15 Minuten
Teilnehmerzahl	beliebig
Sozialform	Arbeitsgruppen, an Tischen sitzend
Material	Zeichenblockbögen für jeden Teilnehmer, Jaxon-Kreiden, Wachsmalstifte oder andere Kreiden zum Malen oder ggf. auch Filzstifte

Zur Methode

Mit dieser Methode kommen die Teilnehmer im ersten Teil der Übung einmal nicht über die Sprache zusammen. Erst nach der Herstellung der Bilder können sie sich über ihre Erfahrungen und Erlebnisse austauschen.

Bei Seminaren, die „Zusammenarbeit im Team" zum Thema machen, können Sie so gleich in medias res gehen.

Die Methode ist auch dann interessant, wenn sich die Teilnehmer schon kennen, weil sie beispielsweise in einer Abteilung arbeiten. Dann können sie sich hier auf andere Art begegnen und vielleicht auch neue Aspekte kennenlernen.

Durchführung

Die Teilnehmer sitzen in einer Gruppe zu fünft um einen Tisch herum, jeder hat einen großen Zeichenbogen vor sich liegen.

Jeder zeichnet eine Form, eine Figur oder einen Gegenstand. Dann gibt er sein Blatt nach links weiter und der Nächste ergänzt wieder mit einer Form oder einem Gegenstand usw. Das Blatt wird so lange weitergereicht, bis es wieder bei seinem Ursprungs-„Künstler" angekommen ist. Er darf das Blatt noch mit einer Form oder Linie vervollständigen und sich einen Titel ausdenken, den er aufschreibt.

Während der Übung wird nicht gesprochen.

Auswertung
- Wie haben die Teilnehmer den Prozess erlebt?
- Was sehen sie in den Bildern?
- Was sagt das über die Gruppe / das Team aus?

Lerntyp V – malen
A – Austausch
K – Kreativität

10. Handtasche

Ziel	Kennenlernen, sprachspielerische Kreativität
Zeitbedarf	15 Minuten
Teilnehmerzahl	beliebig
Sozialform	Plenum, im Stuhlkreis sitzend
Material	Inhalt der Teilnehmer-Taschen

Zur Methode Dies ist eine sehr persönliche Vorstellung, bei der die Teilnehmer etwas von sich zeigen. Allerdings haben sie die Auswahl, was und wie viel sie ausbreiten.

Durchführung Bitten Sie die Teilnehmer, fünf Dinge aus ihrer Handtasche, Hosentasche oder Aktentasche herauszunehmen und vor sich auf den Boden oder Tisch zu legen.

Anschließend folgt eine Runde, in der sich jeder kurz aus der Sicht der Gegenstände vorstellt.

Beispiele

- „Ich bin das Handy von Ralf, der mich ziemlich selten benutzt und meistens abgeschaltet hat. Daher frage ich mich, warum er mich überhaupt gekauft hat ...“
- „Ich bin das Tempotuch von Zamyat. Die hat schon von Kindheit an Heuschnupfen, daher hat sie mich fast immer dabei.“
- „Ich bin ein Bonbon von Petra. Ich liege seit Jahren hier unten völlig vergessen in der Taschenecke und freue mich, dass ich endlich mal wieder Luft schnappen kann.“

Es darf also ruhig witzig sein.

Eine krassere Variante ist, dass jeder seine Tasche komplett aus-kippt – und dann einige Gegenstände auswählt und weiter wie oben verfährt. Aber so sieht man den gesamten Inhalt – und ist immer wieder verblüfft, wie viel in eine Handtasche passt! **Variante**

Diese Methode kann man auch wunderbar als Kreativitätstechnik einsetzen, indem man die Gegenstände als „Reizworte“ nutzt. Zu den Reizworten werden wiederum Assoziationen gesammelt und diese dann in Verbindung mit der Fragestellung oder dem Problem gebracht. **Hinweis**

Eine Variante für die Reizwort-Methode finden Sie auf meiner Webseite (www.zamyat-seminare.de) unter „Methoden-Bazar“, Unterpunkt „Kreativitätstechniken“. Die Methode heißt dort „Lösungs-Geschichte“.

V – Gegenstände anschauen **Lerntyp**
A – sich vorstellen, etwas von sich erzählen, Geschichten erfinden
K – Gegenstände anfassen, Geschichten dazu erfinden, Kreativität

11. Heldentreffen

Ziel	Kennenlernen, Kreativität und Fantasie anregen
Zeitbedarf	15 – 20 Minuten
Teilnehmerzahl	beliebig
Sozialform	Plenum, im Stuhlkreis sitzend
Material	viele Fotos von sehr verschiedenen Menschen aus allen Kulturen und in jedem Alter

Zur Methode Hier mischen sich Traum und Wirklichkeit. Die Teilnehmer schlüpfen in andere Identitäten, die dennoch etwas über sie aussagen.

Durchführung Zahlreiche Fotos liegen in der Mitte auf dem Boden im Kreis um einen Mittelpunkt herum. Sie bitten die Teilnehmer, sich je ein Foto auszusuchen – ohne dass Sie irgendwelche weiteren Anhaltspunkte dazu geben. Auf Nachfrage sagen Sie: „Was Sie möchten."

Erst danach geben Sie den zweiten Schritt bekannt: Jeder Teilnehmer stellt sich nun anhand des Fotos vor und erfindet dabei eine Biografie, die seiner Meinung nach zu dem Bild passt. Es geht überhaupt nicht darum, ob das authentisch ist, sondern um die Anregung der Fantasie. Das sollte ganz spontan ohne vorherige Überlegungen passieren. Zur Hilfestellung können Sie Stichwörter vorgeben:

- Wo lebt er/sie?
- Was macht er/sie (beruflich)?
- Welche Eigenschaften zeichnen ihn/sie aus?
- Was macht er/sie gerne?
- Was kann er/sie gut? Usw.

Beispiele

- „Ich bin Mehdi und lebe in einer Oase. Dort kümmere ich mich jeden Tag um die Ziegen und ziehe mit ihnen durch die Wüste ..."
- „Ich bin Angela und studiere in Paris ..."

Variante 1: Aufgabenstellung vorher bekannt geben

Varianten

Sie können den Teilnehmern vorher sagen, dass sich jeder ein Foto von einem Menschen aussuchen soll, der ihn fasziniert oder ihm besonders gefällt oder in dessen Rolle er gerne einmal schlüpfen würde.

Variante 2: Helden und Berühmtheiten

Es können auch Fotos von realen lebenden oder verstorbenen Berühmtheiten, Filmschauspielern, historischen Persönlichkeiten usw. sein und jeder sucht sich „seinen" Helden aus. Die Vorstellung läuft dann wie oben:
„Ich bin Lawrence von Arabien und ..."

V – Fotos anschauen
A – Geschichte erzählen
K – Geschichte erfinden, Emotionen

12. Herzen oder Füße

Ziel	Willkommenheißen der Teilnehmer, Einladung zum Seminar Variante: Einstieg ins Thema
Zeitbedarf	Grundversion: 0 Minuten; Variante: 5 Minuten pro Teilnehmer
Teilnehmerzahl	beliebig
Sozialform	jeder einzelne Teilnehmer beim Hereinkommen
Material	Herzen oder Füße (aus Papier oder Plastik); bei Variante: Karten mit Aufschriften

Zur Methode Diese Methode beginnt quasi vor dem eigentlichen Seminar. Sie stellt eine visuelle Einladung an die Teilnehmer dar, den Seminarraum mit Neugierde zu betreten. Die Teilnehmer fühlen sich willkommen geheißen.

Es kann damit auch schon ein thematischer Einstieg geboten werden, indem Sie nicht nur Füße oder Herzen auslegen, sondern etwas dazuschreiben oder das Ganze mit einer Frage verbinden.

Beispiel Herzen

Durchführung Sie legen einen Weg mit Herzen, der vom Flur vor dem Seminarraum bis in die Mitte des Seminarraums führt, wo ein Blumenstrauß steht oder ein anders schön gestalteter Mittelpunkt (Tücher mit Gegenständen).

Dazu steht die Frage auf einem Plakat, das auf dem Boden liegt oder an der Tür hängt: „Was liegt Ihnen zum Thema ‚xy' auf dem Herzen?"

Beispiel Füße

Sie legen einen Weg mit Füßen, die vom Flur aus in den Seminarraum führen. Die Füße können auch beschriftet werden oder neben die Füße werden Plakate gelegt mit Sätzen oder Fragen wie: „Was motiviert Sie, diesen Raum zu betreten?", „Mit welchen Fragen kommen Sie?" oder was auch immer zu Ihrem Seminarthema passt.

· ·

Wenn Sie die Dekoration mit Fragen verbunden haben, können Sie anschließend als Einstiegsrunde jeden Teilnehmer eine Antwort darauf geben lassen. Oder Sie fragen nach dem ersten Eindruck und den Assoziationen, die dadurch bei den Teilnehmern ausgelöst wurden. Sie können es aber auch einfach bei einer netten Willkommensgeste belassen. | **Variante**

V – etwas (Auffälliges) sehen | **Lerntyp**
A – miteinander sprechen
K – Überraschungen und spielerische Elemente

13. Hinter der Decke

Ziel	Namen wiederholen
Zeitbedarf	10 Minuten
Teilnehmerzahl	ab 10
Sozialform	zwei Gruppen, sich gegenübersitzend
Material	eine Decke

Dieses Spiel können Sie einsetzen, wenn die Teilnehmer gegenseitig ihre Namen schon in einem anderen Spiel oder am Vortag gelernt haben, diese aber noch nicht so richtig sitzen.

Die Gruppe wird in zwei Hälften geteilt, die sich im Raum gegenübersitzen. In der Mitte ist etwas Platz. Dort stehen zwei Teilnehmer oder Sie und ein Teilnehmer und halten eine Decke. Die Decke muss so gehalten werden, dass die Gruppen sich gegenseitig nicht sehen können.

Auf beiden Seiten der Decke setzt sich jeweils ein Teilnehmer aus jeder Gruppe dicht dahinter auf den Boden. Dann zählen Sie laut: „Eins, zwei, drei" und bei drei lassen Sie die Decke fallen.

Die Gruppe, deren Teilnehmer zuerst den Namen des anderen, der hinter der Decke sitzt, nennen kann, bekommt einen Punkt.

Dann setzen sich die zwei in die Gruppe zurück und zwei andere setzen sich dahinter – natürlich erst, wenn Sie die Decke wieder hochhalten.

Wahrscheinlich kann man die Gruppen am besten mit der Decke verdecken, wenn alle auf dem Boden sitzen und nur immer einer etwas nach vorne rutscht.

V – wahrnehmen
A – sprechen
K – sich bewegen, spielerisch agieren, Überraschung

14. Interview mit Moderationskarten

Ziel	Kennenlernen
Zeitbedarf	20 Minuten
Teilnehmerzahl	beliebig
Sozialform	Paare
Material	Pinnwände, Moderationskarten, Filzstifte
Online-Ressourcen	Beispiele für Fragen: http://zamyat-natur-seminare.de/downloads-zum-buch-lebendige-seminare-band-1/ (Passwort: zmk82Fc5M#)

Diese Methode ist eher für kleinere Gruppen geeignet, da sonst die Vorstellung zu lange dauert. Sie ist in Trainings oder Seminaren einsetzbar, bei denen Sie nicht spielerisch einsteigen, sondern erst einmal mit vertrauteren Materialien beginnen wollen. **Zur Methode**

Sie bereiten eine Pinnwand vor (oder nach Größe der Gruppe auch zwei). Dort hängen Sie die Anweisungen auf, die auf ovalen Moderationskarten geschrieben sind. **Vorbereitung**

In einer Reihe untereinander befestigen Sie weitere Karten mit Fragen, zu denen sich die Teilnehmer gegenseitig interviewen sollen, sodass sie ihre ausgefüllten Karten später danebenhängen können.

Beispiel: Pinnwand

Es werden Paare gebildet aus Teilnehmern (vielleicht mit einem Paarfindungsspiel), die sich möglichst noch nicht kennen. An der Pinnwand hängen die Karten mit den Stichworten, die abgefragt werden sollen.

A beginnt und fragt B. A schreibt die Antworten auf Moderationskarten. Zu Beginn wird ein Porträt des Partners auf eine Moderationskarte gezeichnet. Danach werden die Rollen getauscht und B interviewt A und notiert die Antworten.

Anschließend werden alle Karten an die Pinnwand geheftet. Wenn alle fertig sind, stellt jeder seinen Interviewpartner kurz vor.

Variante Je nach Gruppengröße dauert dieses Vorstellen sehr lange und unterscheidet sich auch nicht wirklich von der klassischen Vorstellungsrunde – außer, dass etwas visualisiert wurde und die anderen es auch lesen können. Besser finde ich persönlich, die Karten einfach aufzuhängen. Dann stehen alle auf und lesen sich die Karten durch.

Bei Stichworten, die die Teilnehmer mehr interessieren oder zu denen sie Fragen haben, wenden sie sich an die entsprechende Person. So entstehen noch einmal kleine Zweiergespräche vor der Pinnwand.

Die Fragen können auch laut gestellt werden, sodass alle die Antworten mitbekommen und so noch etwas mehr über die anderen erfahren.

Lerntyp

V – Karten schreiben und lesen
A – in Paaren miteinander sprechen, Vorstellung im Plenum
K – aufstehen und Karten an Pinnwand heften

15. Karten-Paare

Ziel	Kennenlernen, Austausch
Zeitbedarf	15 Minuten
Teilnehmerzahl	ab 8
Sozialform	Paare, Plenum, im Stuhlkreis sitzend
Material	beschriftete Moderationskarten
Online-Ressourcen	Arbeitsblatt mit Beispiel-Sprüchen: http://zamyat-natur-seminare.de/downloads-zum-buch-lebendige-seminare-band-1/ (Passwort: zmk82Fc5M#)

Zur Methode

Mit dieser Methode kommen die Teilnehmer zunächst einmal zu zweit ins Gespräch, erst anschließend sprechen sie in der ganzen Gruppe. Das ist für manche vielleicht ein sanfterer Einstieg, als sich gleich im Plenum vorzustellen. Außerdem wird damit unauffällig die Sitzordnung verändert, da sich anfangs gerne diejenigen zusammensetzen, die sich schon kennen.

Durchführung

Jeder Teilnehmer zieht eine Moderationskarte, auf der ein halber Satz steht. Die erste Aufgabe besteht darin, den Menschen zu finden, der die andere Satzhälfte hat. Dann setzen sich die beiden zusammen und tauschen sich über den Inhalt aus:

- „Wie verstehen Sie dieses Zitat, was sagt es aus?"
- „Was meinen Sie dazu? Stimmen Sie zu oder nicht?"
- „Wie gefällt Ihnen die Aussage?"
- „Fällt Ihnen ein Beispiel dazu ein, das die Aussage unterstützt oder widerlegt?"

Im Plenum berichten die Paare dann über das Ergebnis ihres Austauschs, indem sie erst ihr Zitat vorlesen und dann kurz die Antworten auf die oben aufgeführten Fragen mitteilen.

Beispiel

Wenn du es eilig hast, ...
... gehe langsam.

. . . .

Hinweis Sie können das Finden des Partners dadurch erleichtern, dass Sie zwei verschiedene Farben wählen und ansagen, dass immer eine rote und eine gelbe Karte zusammengehören.

Zumindest sollte durch Auslassungspunkte (...) und Kommas deutlich werden, ob es der Satzanfang oder das Satzende ist.

Die Inhalte der Karten können Sie auf das Seminarthema abstimmen oder einfach allgemeine „Weisheiten" und schlaue Sprüche nehmen. Dadurch erfahren Sie auch ein wenig über die Haltung Ihrer Teilnehmer. Es können auch provozierende Sprüche sein, je nach Ihrer Zielsetzung.

Lerntyp V – bunte Karten, lesen
A – sich austauschen
K – beim Partnersuchen herumlaufen

16. Karten-Paare in Verbindung zum Seminarthema

Ziel	Kennenlernen, Austausch
Zeitbedarf	15 Minuten
Teilnehmerzahl	ab 8
Sozialform	Plenum, im Stuhlkreis sitzend
Material	beschriftete Moderationskarten
Online-Ressourcen	Sprüche zu Seminarthemen: http://zamyat-natur-seminare.de/downloads-zum-buch-lebendige-seminare-band-1/ (Passwort: zmk82Fc5M#)

Zur Methode

Diese Methode können Sie auch einsetzen, wenn die Teilnehmer sich schon kennen, weil sie beispielsweise zusammenarbeiten. Ansonsten lernen sich die Teilnehmer hierbei ein wenig kennen. So wird auch eine zufällige Sitzordnung bewirkt, damit nicht gleich eine Paar- und Cliquenbildung stattfindet, die später schwerer aufzulösen ist.

Durchführung

Jeder Teilnehmer zieht eine Karte, auf der ein halber Satz steht, der einen Bezug zum Seminarthema hat. Die Aufgabe besteht darin, den Partner mit der anderen Satzhälfte zu finden. Anschließend tauschen sich die beiden darüber aus, wie sie zu dieser Aussage stehen und welche Beziehung sie zum Seminarthema sehen.

Wenn sich alle ausgetauscht haben, stellt jedes Paar reihum im Plenum sein Zitat vor und teilt kurz seine Stellungnahme mit.

Variante

Sie können die Teilnehmer noch raten lassen, von welchem Autor das Zitat stammt. Dann hängen die Teilnehmer das Zitat neben den entsprechenden Autor an eine Pinnwand.
Hier müssen Sie als Trainer eventuell etwas nachhelfen, aber erst einmal die Teilnehmer vermuten lassen!

Karten – Paare

1. Finden Sie Ihre/-n Partner/-in
   mit der 2. Satzhälfte.

2. Setzen Sie sich bitte nebeneinander in den Stuhlkreis
   + tauschen sich aus:
   a) ▷ Was sagen Sie zu der
      Aussage? Was können Sie
      damit anfangen?
   b) ▷ Zu welchem Inhalt oder
      Thema aus Ihren Trainings
      können Sie eine Verbindung
      herstellen?

3. Satz mit „Rollenverteilung"
   vorlesen

4. An der Pinnwand dem Autor
   zuordnen (anhängen).

Beispiel

Autor	Zitat	
Marcel Marceau	Die Sprache ist natürlich im ersten Moment	immer ein Hindernis für die Verständigung.

Hinweis	Sie können schon direkt an der Tür jeden ankommenden Teilnehmer eine Karte ziehen lassen.
	V – bunte Karten, lesen
	A – sich austauschen
Lerntyp	**K** – beim Partnersuchen herumlaufen

17. Karten-Ständer

Ziel	Kennenlernen
Zeitbedarf	10 Minuten
Teilnehmerzahl	beliebig
Sozialform	Plenum, im Raum herumlaufend
Material	Moderationskarten, Stifte, Tesakrepp

Bei dieser individuellen Art des Kennenlernens entscheiden die Teilnehmer selbst, was sie den anderen von sich mitteilen. Sie lockert auf, da sich alle im Raum bewegen, ist aber nicht „zu spielerisch", falls das nicht passt.

Zur Methode[2]

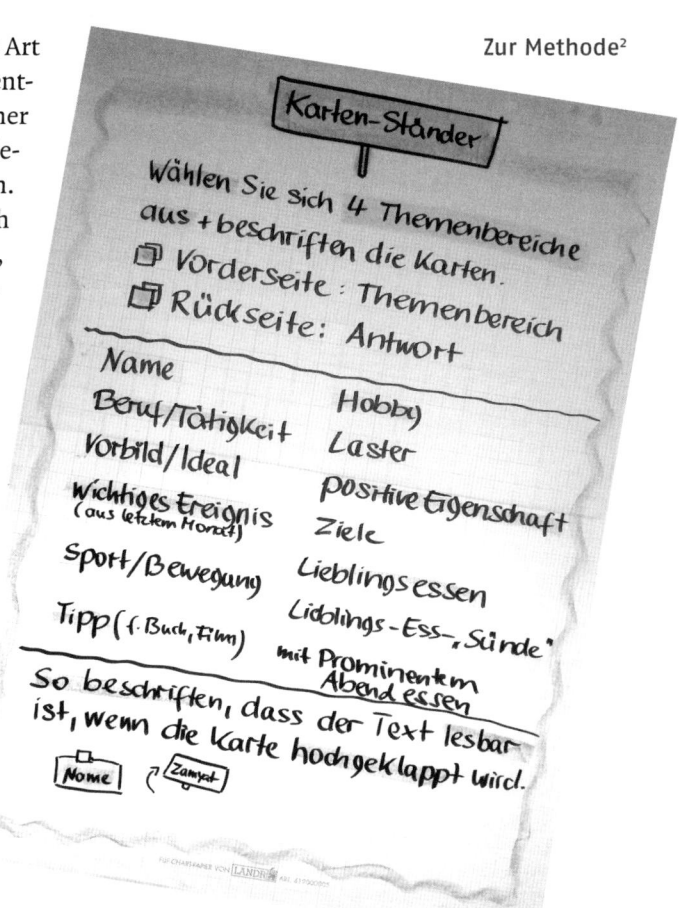

Auf einem Flipchart stehen Vorschläge, zu welchen Bereichen die Teilnehmer den anderen etwas mitteilen wollen. Die Teilnehmer wählen sich einige Themenbereiche aus und beschriften Moderationskarten: auf der Vorderseite das Thema, auf der Rückseite die Antwort.

Beispiele für Stichworte

- Alter
- Geburtsort
- Hobby
- Wie lange Trainer
- Vorbild/Ideal/Schwarm
- Besonderheit
- wichtiges Ereignis im letzten Monat
- mit welchem Prominenten ich gerne essen gehen würde
- wo ich am liebsten Urlaub machen würde
- tolles Buch (Empfehlung)
- toller Film
- Lieblingstier
- Laster
- Fähigkeit
- positive Eigenschaft
- Ziele
- Darauf wollte ich immer schon mal eine Antwort

Sie können den Teilnehmern auch freistellen, ganz andere Themen zu nehmen, die Stichworte sind nur als Anregung gedacht.

Wenn alle ihre Karten beschrieben haben, kleben sie diese an verschiedene Stellen ihres Körpers und laufen herum. Die Teilnehmer können nun gegenseitig ihre Karten hochklappen und lesen und kommen dabei ins Gespräch.

Die Karten können anschließend an die Wand gehängt werden, jeder schreibt seinen Namen auf eine Karte und hängt seine Antworten in einer Reihe darunter. So kann jeder in den Pausen noch einmal nachlesen – und es ist eine bunte Wanddekoration.

Mögliche Weiterarbeit

Demonstrieren Sie vorher am besten, wie die Karten beschriftet werden sollen. Die Antwort auf der Rückseite muss „auf dem Kopf" geschrieben werden, damit man sie lesen kann, wenn man die festgeklebte Karte hochhebt (also umklappt).

Hinweis

V – auf bunte Karten schreiben und lesen
A – miteinander sprechen
K – herumlaufen

Lerntyp

18. Kreise bilden

Ziel	Kennenlernen, Arbeitsschwerpunkte der Teilnehmer erfahren
Zeitbedarf	10 Minuten
Teilnehmerzahl	beliebig
Sozialform	Plenum, im Raum herumlaufend
Material	beschriftete runde Moderationskarten, leere Moderationskarten und Stifte für die Teilnehmer

Zur Methode
Hier geht es darum zu erfahren, welche Arbeitsschwerpunkte die Teilnehmer haben. Diese Methode erfordert Vorarbeit vom Trainer und den Teilnehmern.

Bei meinen Trainerseminaren schicke ich den Teilnehmern nach der Anmeldung einen Fragebogen, den sie ausgefüllt zurücksenden. Dort wird unter anderem abgefragt, ob sie schon als Trainer praktizieren oder es vorhaben, in welchen Bereichen sie arbeiten, welches ihre Schwerpunktthemen sind. Dann gibt es noch einen Teil zum Ankreuzen, wo die Interessen und Erwartungen an das Seminar abgefragt werden. So bekomme ich zumindest einen groben Eindruck, wo die Interessen und Bedürfnisse der Teilnehmer liegen, und kann diese Zeit im Seminar selbst einsparen. Auch wenn Sie keine Train-the-Trainer-Seminare geben, können Sie diese Methode in veränderter Form übernehmen. Überlegen Sie vorher, was für die Teilnehmer interessant sein könnte.

Die Informationen nutze ich allgemein für die Vorbereitung und für solche speziellen Übungen wie die folgende.

Durchführung
Auf dem Boden liegen Moderationskreise mit Themenschwerpunkten wie: „Zeit- und Selbstmanagement", „Kommunikation". Da ich die Arbeit mit (abstrusen) Gegenständen liebe, lege ich noch Requisiten neben die Themenkarten.

Beispiele

- Zeitmanagement – eine große Uhr
- Kommunikation – ein (kaputtes) Telefon
- Rhetorik – ein Mikrofon
- Konfliktmanagement – ein Kamelgebiss (aus der Sahara) oder ein Boxhandschuh
- (Fach-)Wissen vermitteln – eine kleine Schiefertafel
- Zielfindung (NLP) – Zielscheibe oder Pfeil und Bogen
- Projektmanagement – Kamelkarawane (Spielfiguren)
- Berufsorientierung – ein Kompass und ein Werkzeug
- Teamentwicklung – ein Negativfilm und kleine Spielfiguren oder Puppen

Jeder Teilnehmer bekommt zwei blaue Karten, auf die er seinen Namen schreibt. Diese Karten ordnet er seinen beiden wichtigsten Themen zu. Wonach die Gewichtung getroffen wird, ist die eigene Entscheidung.

Mögliche Weiterarbeit, Hinweis

Die Übung kann dazu dienen, einen Überblick herzustellen, wer was macht. Wenn alle Teilnehmer herumgelaufen sind und sich die Themen und Namen angeschaut haben, kann sie beendet werden.

Es können sich daraus aber auch gezielte Pausengespräche ergeben oder die Zusammenstellung von Arbeitsgruppen kann nach den hier erfahrenen Schwerpunkten erfolgen.

Wenn aus diesen Informationen noch weitere Konsequenzen gezogen werden sollen, nämlich ein Austausch oder eine weitere Zusammenarbeit im Seminar oder darüber hinaus, kann man mit der Übung „Vernetzen" (I. 32) weitermachen.

Die Methode ist sicher weniger geeignet für Inhouse-Seminare, wenn alle aus einer Abteilung sind. Aber bei offenen Seminaren oder großen Unternehmen, bei denen Mitarbeiter aus verschiedenen Abteilungen im Seminar zusammenkommen, kann es hier interessante Punkte geben.

Lerntyp   V – auf bunte Karten schreiben und lesen
           A – miteinander sprechen
           K – herumlaufen

19. Namen-Kreuzwort

Ziel	Namen kennenlernen, etwas über andere erfahren, Kreativität
Zeitbedarf	20 Minuten
Teilnehmerzahl	beliebig
Sozialform	Arbeitsgruppen
Material	Papier, verschiedenfarbige Stifte

Zur Methode   Bei einer großen Seminargruppe bilden Sie Gruppen zu vier oder fünf Teilnehmern. Jeder braucht ein Blatt Papier und zwei Stifte in verschiedenen Farben.

Mit dieser Methode lernen die Teilnehmer etwas mehr übereinander und sie werden gleich zu einer kreativen Übung eingeladen. Es bleibt jedem selbst überlassen, was und wie viel er persönlich von sich verrät.

In der Mitte des Blattes schreibt jeder die Buchstaben seines Namens untereinander in einer Farbe. Um diese Buchstaben herum wird eine Art Kreuzworträtsel angelegt, das heißt, so viele Kästchen, wie das zu suchende Wort Buchstaben hat, werden frei gelassen. Die Buchstaben können vor und hinter dem geschriebenen Buchstaben des eigenen Namens ergänzt werden.

Darunter kommen Fragen, die die anderen erraten müssen, um damit das (Kreuz)worträtsel ausfüllen zu können. Die Worte (die Antworten) sollten etwas mit der eigenen Person zu tun haben.

Wenn alle mit der Vorbereitung fertig sind, stellt jeder das Kreuzworträtsel zu seinem Namen vor. Die anderen in der Gruppe müssen raten und nach und nach werden so die leeren Felder in der zweiten Farbe ausgefüllt, sodass der Name noch sichtbar bleibt.

Anschließend werden alle ausgefüllten Kreuzworträtsel an eine Pinnwand gehängt, sodass auch die Teilnehmer der anderen Gruppen sich die Informationen zu allen Personen in den Pausen anschauen können.

Beispiel

1. Diese habe ich immer in meinem Leben und befasse mich besonders bei meiner Jahresplanung damit.
2. Das fällt mir sehr schwer – es ist eine passive „Tätigkeit".
3. Damit verdiene ich unter anderem mein Geld.
4. Das habe ich auch mal unterrichtet, mache es jetzt aber hauptsächlich für mich oder morgens in Seminaren.
5. Das mache ich in den letzten Jahren immer lieber, vor allem sonntags.
6. Dahin fahre ich gerne in Urlaub, schreibe dort Bücher und biete dort auch Seminare und Coachings an.

Bevor Sie das nachfolgende Ergebnis anschauen, können Sie einen Moment raten und damit die Methode testen.

Als Ergebnis erhalten wir:

1. ZIELE
2. WARTEN
3. SEMINARE
4. YOGA
5. WANDERN
6. TÜRKEI

Lerntyp V – schreiben und austüfteln
A – miteinander reden
K – Rätsel erraten

20. Namenskette mit Seminarthema

Ziel	Namen kennenlernen, kreative Assoziation
Zeitbedarf	10 Minuten
Teilnehmerzahl	beliebig
Sozialform	Plenum, im Stuhlkreis sitzend oder im Kreis stehend
Material	
Online-Ressourcen	Liste mit Eigenschaften (Beispielthema: Zeit- und Selbstmanagement): http://zamyat-natur-seminare.de/downloads-zum-buch-lebendige-seminare-band-1/ (Passwort: zmk82Fc5M#)

Zur Methode

Viele Menschen glauben, dass es schwer ist, sich Namen zu merken. Für die Seminar- und Arbeitsatmosphäre ist es aber sehr positiv, wenn sich Teilnehmer und Trainer schnell mit Namen ansprechen können. Diese Methode ist sehr wirkungsvoll und demonstriert, wie man sich mit Eselsbrücken Dinge leichter merken kann.

Durchführung

Als Trainer beginnen Sie und sagen Ihren Namen. Den Namen ergänzen Sie mit einem Begriff (Eigenschaft oder Verhalten), der erstens mit dem gleichen Anfangsbuchstaben beginnt wie Ihr Name und zweitens etwas mit dem Seminarthema zu tun hat. Das muss nicht allzu eng gesehen werden, aber doch in irgendeinem Zusammenhang stehen. Diese Eigenschaft muss überhaupt nicht zu Ihrer Person passen, also nicht „wahr" sein, sondern lediglich den gleichen Anfangsbuchstaben haben. Nach der Namensnennung machen Sie eine dazu passende Bewegung.

Beispiel

Zum Thema „Zeit- und Selbstmanagement" sage ich:

„Ich bin die zielstrebige Zamyat."

Dazu mache ich dann die Geste des Bogenschießens.

Alle wiederholen dann: „Die zielstrebige Zamyat" und machen die entsprechende Bewegung.

Der Nächste fährt fort: „Ich bin die pünktliche Petra" ...
„der optimierende Otto" usw.

Wenn jemandem gar nichts einfällt, können Sie als Trainer helfen oder die anderen bitten, Ideen zum Buchstaben zu äußern, und der Teilnehmer kann sich dann einen Vorschlag aussuchen.

Es soll kein Stress sein, sondern eine spielerische Annäherung an das Thema, und gleichzeitig helfen, die Namen der anderen zu behalten.

. . . .

Hinweis Als kleine Hilfe finden Sie eine Liste mit Eigenschaften unter: http://zamyat-natur-seminare.de/downloads-zum-buch-lebendige-seminare-band-1/(Passwort: zmk82Fc5M#).

Sie können auch selbst eine solche Liste zu Ihrem Thema vor dem Seminar schreiben. Es müssen keinesfalls nur positive Eigenschaften und Verhaltensweisen sein, sondern auch ruhig negative (Dinge, die man lernen oder überwinden möchte).

In allen Fällen, ob positiv oder negativ, muss es nichts mit der Realität zu tun haben, sondern lediglich den gleichen Anfangsbuchstaben haben wie der eigene Name.

Sollten Sie befürchten, dass es zu schwierig für die Teilnehmer wird, solche Eigenschaften zu finden, können Sie auch eine Liste sichtbar auf einem Flipchart aufhängen.

V – innere Bilder   Lerntyp
A – Namen und Eigenschaften laut wiederholen
K – Pantomime und Bewegung

21. Namensschilder

Ziel	Namen kennenlernen, Kreativität anregen, miteinander ins Gespräch kommen
Zeitbedarf	20–30 Minuten
Teilnehmerzahl	beliebig
Sozialform	Plenum, sitzend, im Raum herumlaufend
Material	farbige Kartons, Scheren, Klebstoff, buntes Papier, Zeichenblocks, Malstifte (Jaxon und andere) und Musik (CD, MP3-Datei)

Hier geht es um eine nonverbale, kreative Art des Namen-Kennenlernens. Die Teilnehmer sollen Namensschilder erstellen. Manchmal sind Teilnehmer ganz froh, wenn sie sich nicht gleich zu Beginn des Seminars auf die übliche Art vorstellen müssen. Es gibt allerdings vielleicht auch Teilnehmer, die das befremdlich finden.   Zur Methode

Da die Möglichkeiten der Darstellung aber sehr offen und vielseitig sind, braucht niemand in Stress zu geraten, dass ein Kunstwerk von ihm erwartet wird.

Sie können über die Art, wie sie an die Gestaltung ihres Namensschildes gehen (sorgfältig oder hingeschludert, liebevoll oder nachlässig), schon einiges über die Teilnehmer erfahren.

Jeder Teilnehmer stellt ein Namensschild her. Dazu wählt er die Materialien und die Farben aus, die ihm gefallen oder zu ihm passen oder seine momentane Stimmung ausdrücken. Dann schreibt, bastelt, klebt oder malt jeder seinen Namen. Dabei wird nicht gesprochen, es läuft dazu Musik im Hintergrund.

Anschließend wandern alle im Raum herum und halten ihre Schilder vor sich. Jeder schaut sich erst einmal alle Schilder an. Dann sucht sich jeder einen Partner, dessen Schild ihn besonders interessiert und mit dem er sich unterhalten möchte. Die beiden tauschen sich darüber aus,
- wie das Schild des jeweils anderen wirkt,
- was jeder mit seinem Schild ausdrücken wollte.

Dabei kommen dann sicher auch noch andere Dinge zur Sprache.

Alle wandern weiter und suchen sich einen neuen Partner. Jeder sollte mit drei bis vier Personen ins Gespräch kommen.

Am Schluss werden alle Schilder an die Wand gehängt, sodass jeder auch die Schilder der anderen anschauen kann. Dabei ist Nachfragen erlaubt und erwünscht.

Hinweis Sie können eine Zeitvorgabe geben, wie lange sich die Paare austauschen sollen. Hilfreich ist es, jeweils mit einer Zimbel oder Ähnlichem ein Zeichen zu geben, denn im Eifer des Gesprächs achten die wenigsten auf die Zeit. Am besten kündigen Sie zuvor an: „Noch zwei Minuten, dann wechseln."

Lerntyp V – zeichnen, malen, schreiben und die Schilder der anderen betrachten

A – sich austauschen

K – im Raum herumlaufen, kreativ gestalten

22. Netzwerk[3]

Ziel	Kennenlernen
Zeitbedarf	15 Minuten
Teilnehmerzahl	beliebig
Sozialform	Arbeitsgruppen, vor Pinnwänden stehend
Material	bespannte Pinnwände, Moderationskarten, Filzstifte

Zur Methode

Diese Methode eignet sich gut, wenn sich die Seminarteilnehmer schon kennen, beispielsweise von der gemeinsamen Arbeit. Sie haben hier die Möglichkeit, noch andere Aspekte zu erfahren und Gemeinsamkeiten zu finden. Ein weiterer Effekt ist, dass die Teilnehmer zu Beginn aufstehen und die Atmosphäre aufgelockert wird.

Vorbereitung

Schreiben Sie die Namen der Teilnehmer jeweils auf eine kleine runde Moderationskarte. Diese Karten werden auf einer großen Wandzeitung angepinnt. Auf jeder Pinnwand stehen etwas fünf bis sechs Namen.

Durchführung

Je nach Gruppengröße werden zwei bis drei Gruppen gebildet, die sich vor der Pinnwand einfinden, auf der ihre Namen stehen.

Jeder Teilnehmer findet in einem kurzen Gespräch eine Gemeinsamkeit mit jedem anderen Teilnehmer an seiner Pinnwand. Diese Gemeinsamkeit wird durch eine Verbindungslinie und eine kleine Zeichnung dazu symbolisiert.

So entsteht nach und nach ein buntes Netz aus Verbindungslinien und Bildern zwischen den Namen der Teilnehmer.

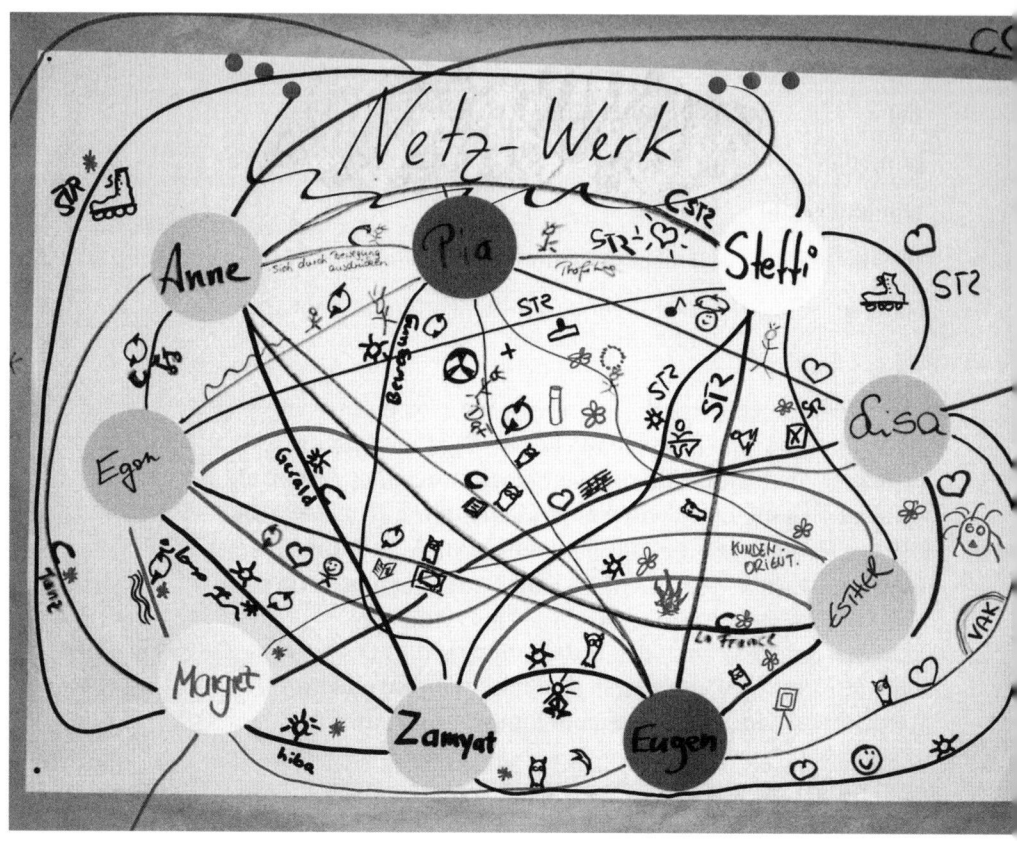

Mögliche	Die Teilnehmer schauen sich die Wandzeitung an und fragen bei
Weiterarbeit	den Symbolen nach, die sie interessieren. Das kann auch in den
	Pausen geschehen.

Lerntyp	**V** – schreiben und malen
	A – miteinander sprechen
	K – stehen

23. Orientalischer Geschenkbazar

Ziel	Kennenlernen
Zeitbedarf	10 Minuten
Teilnehmerzahl	beliebig
Sozialform	Plenum, im Raum herumlaufend
Material	pro Teilnehmer 2 Visitenkarten, Blankokarten und dünne Filzstifte, Musik

Zur Methode

Im Orient ist es üblich, etwas zu verschenken. So bekommt beispielsweise der Besuch oder Gast oft ein Geschenk, anders als bei uns, wo nur der Besuch ein Geschenk mitbringt. Oder auf einem Bazar werden kleine Geschenke angeboten, natürlich in der Hoffnung, dass der Beschenkte dann später auch etwas kauft, manchmal aber auch einfach spontan aus Sympathie.

Vorbereitung

Wer keine Visitenkarten dabeihat, stellt sich selbst zwei her. Dazu liegen Blankokarten bereit und dünne bunte Filzstifte.

Durchführung

Jeder Teilnehmer sucht sich spontan etwas aus (aus seiner Tasche oder sonst woher), das er verschenken möchte. Es läuft Musik, alle bewegen sich durch den Raum. Wenn die Musik stoppt, sucht sich jeder einen Nachbarn aus, schenkt ihm seinen Gegenstand und erklärt, wozu dieser nützlich ist und was man damit Tolles machen kann. Dabei kann ruhig etwas Fantasie, Übertreibung und Humor im Spiel sein.

Gleichzeitig tauscht man seine Visitenkarten aus. Das heißt, man gibt demjenigen eine Visitenkarte, dem man etwas schenkt, aber auch dem, von dem man etwas geschenkt bekommt.

Jeder darf aber nur ein Geschenk in Empfang nehmen, damit jeder eins bekommt. Wer schon etwas verschenkt hat und ein Geschenk bekommen hat, setzt sich hin.

Variante	Jeder legt eine Visitenkarte verdeckt in die Mitte. Danach zieht jeder eine Visitenkarte: Wenn es die eigene ist, legt man sie wieder zurück. Das Geschenk bekommt nun derjenige, dessen Karte man gezogen hat.
Mögliche Weiterarbeit	Je nach Seminarthema kann man nun mit dem Geschenk noch weiterarbeiten:

Als Kreativübung kann jeder notieren, was man alles mit dem Gegenstand machen kann, auch verrückte und unübliche Dinge.

In einem Marketing-Seminar kann man sich dazu einen Slogan oder eine Marketing-Strategie ausdenken.

Sie können auch ein Verkaufsgespräch initiieren.

Lerntyp	V – eventuell Visitenkarte herstellen A – miteinander sprechen K – herumlaufen

24. Ostereier suchen

Ziel	Einstieg ins Seminar und Thema, kreative Gruppenarbeit
Zeitbedarf	30 Minuten
Teilnehmerzahl	ab 8
Sozialform	Einzelarbeit zu Beginn, Plenum, im Raum herumlaufend, dann Arbeitsgruppen
Material	„Ostereier"= Gegenstände in der Anzahl der Teilnehmer und Geschenkpapier

Mit dieser Methode steigen die Teilnehmer gleich aktiv ins Seminar ein. Sie bewegen sich durch den Raum, bilden Gruppen und werden kreativ. Dies ersetzt zwar kein Kennenlernen im klassischen Sinne (Name und beruflicher Hintergrund), kann aber gut ergänzend dazu eingesetzt werden und lockert auf.

Sie verpacken so viele Gegenstände, wie Teilnehmer zum Seminar angemeldet sind. Diese verstecken Sie vor Beginn des Seminars im Raum. Die Gegenstände müssen nichts mit dem Seminarthema zu tun haben, im Gegenteil: Sie können willkürlich aus allen möglichen Bereichen gewählt sein.

Einzelarbeit *(5 Minuten)*

Die Teilnehmer suchen sich jeder einen Gegenstand. Wer einen gefunden hat, setzt sich wieder hin. Wenn alle sitzen, packen sie gleichzeitig ihre Gegenstände aus.

Plenum *(5 Minuten)*

Anschließend laufen die Teilnehmer mit ihren Gegenständen im Raum herum und schauen sich die Dinge der anderen an. Die Aufgabe besteht nun darin, dass sich Gruppen zu einem gemeinsamen Oberbegriff bilden. Diese Oberbegriffe müssen von den Teilnehmern selbst (vorläufig) festgelegt werden.

. . . .

Beispiele

- Gegenstände aus der Natur (Feuerstein, Sandrose, Holz, Stein)
- Spielzeug (Luftballon, kleiner Springball, Papierball zum Aufblasen, Glasmurmel)
- Schreibwaren (Kuli, Blöckchen, Smiley-Radiergummi)
- Glitzerkram (Sticker, Herzchen, Pailletten, Girlande)
- Alles, was rund ist ...

. . . .

Arbeitsgruppen-Arbeit *(10 Minuten)*

1. Runde

Die Teilnehmer zeigen ihren Gegenstand und sagen (assoziieren) in ein bis zwei Sätzen, was der Gegenstand

- mit ihnen zu tun hat,
- mit dem Seminarthema zu tun hat.

Bei beiden assoziierten Begründungen ist Kreativität gefragt, denn dies erschließt sich ja nicht unmittelbar. Es ist also gleichzeitig ein gutes Gehirntraining.

2. Runde

Die Gruppe überlegt sich

- einen Oberbegriff für die Gegenstände (Beispiel: Spielzeug; das kann der von oben sein, aber auch ein besser passender Begriff),
- einen Slogan oder Sinnspruch zum Seminarthema in Zusammenhang mit ihren Gegenständen. Den Slogan schreiben die Teilnehmer auf eine bunte Karte.

Plenum *(5 Minuten)*

Jede Gruppe stellt ihren Slogan vor.

Mögliche Weiterarbeit

Manchmal kann eine Reflexion der Übung sinnvoll sein (etwa 5 Minuten). In einem Seminar zum Thema Motivation haben wir die Fragen unter 1 besprochen, da hier das Thema „Motivation" schon mitschwingt.

In Train-the-Trainer-Seminaren wird auf einer Metaebene über die Methode reflektiert, dazu passen die Fragen unter 2.

1. Wie ging es mir,
- als ich die Aufgabe hörte?
  (war neugierig / ach, wie nett / albern! / Was soll das?)

- während ich suchte?
  (als es schnell ging / schwer war / ich nichts gefunden habe /
  kam mir blöd vor / war mir egal ...)

2. Was passierte alles während der Übung?
- Erinnerung an Kindheit (spielen, Überraschung, Neugier, ge-
  winnen, verlieren?)
- Kontakt herstellen, Gruppen finden
- denken in Metaphern und Analogien (was hat der Gegenstand
  mit mir zu tun?)
- etwas über sich „preisgeben"
- Kreativität und Fantasie werden angeregt (Oberbegriff finden,
  Slogan entwickeln)
- Gruppenarbeit
- Präsentation im Plenum

Wenn Sie schon am Vorabend anreisen und beim Seminaraufbau bereits die Gegenstände verstecken, empfiehlt es sich, einen entsprechenden Hinweis zu schreiben. Sonst kann es passieren, dass eine Putzfrau alles als Müll entsorgt (ist mir zweimal passiert). Oder Sie verstecken alles erst morgens vor dem Seminar.

Hinweis

V – Gegenstände sehen, Karten mit Slogan
A – in Arbeitsgruppen miteinander sprechen
K – Spiel, „Eier" suchen, Gegenstände anfassen

Lerntyp

25. Partnerinterview

Ziel	Kennenlernen
Zeitbedarf	15 – 20 Minuten
Teilnehmerzahl	beliebig
Sozialform	Paare, Plenum
Material	

Zur Methode Als Alternative zu den klassischen Vorstellungsrunden kam schon vor vielen Jahren das Partnerinterview in Umlauf. Hierbei interviewen sich zwei Teilnehmer gegenseitig und stellen anschließend im Plenum ihren Partner vor.

Allerdings ist dies für mich kein wirklicher Ersatz, da die Methode die gleichen Aspekte enthält, die ich an Vorstellungsrunden nicht mag. Es dauert sehr lange, bis alle vorgestellt sind, und es ist für die meisten Teilnehmer Stress, am Anfang vor der großen Gruppe zu sprechen. Für die Zuhörer ist es bei größeren Gruppen langweilig und anstrengend und sie können sich doch nicht alles merken. Hinzu kommt noch die Zeit für das Partnerinterview selbst.

Da die Methode aber so verbreitet und beliebt ist, habe ich sie dennoch in diese Sammlung aufgenommen – mit kleinen Varianten.

Durchführung Es werden Paare gebildet (durch Zufall oder ein Paarbildungsspiel), die sich gegenseitig interviewen. Anschließend stellt jeder seinen Partner im Plenum vor. Sie können eine Zeitbeschränkung angeben, damit es nicht ausufert.

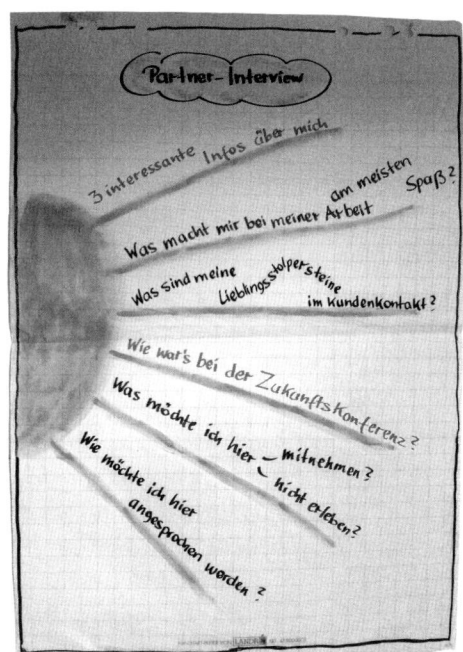

Variante 1

Auf einem Flipchart stehen Stichworte, die beim Interview abgefragt werden.

Variante 2

Die Teilnehmer stellen sich anschließend in folgender Weise vor:

A hat B interviewt und sich eventuell Notizen gemacht. Im Plenum stellt er sich nun hinter B, legt seine Hände auf dessen Schultern und stellt B in der Ich-Form vor:

Varianten

„Ich heiße Bernhard und bin hier, weil ich ...“

Das bringt eventuell ein wenig Anspannung, kann aber spielerisch gesehen werden. B sollte erst einmal nichts dazu sagen. Erst wenn A fertig ist, kann er wichtige Korrekturen anbringen – oder auch nur freundlich lächeln.

V – Flipchart
A – miteinander sprechen, in der Runde vorstellen
K – aufstehen, sich in jemanden hineinversetzen

Lerntyp

26. Partnerinterview mit Umrisszeichnung

Ziel	Kennenlernen
Zeitbedarf	15 Minuten
Teilnehmerzahl	beliebig
Sozialform	Paare, Plenum
Material	große Papierbahnen (Wandzeitungspapier oder Pinnwandbespannung), Filzstifte, Malkreiden, Scheren

Zur Methode

Diese Methode aus meinen Anfangszeiten als Trainerin erfordert viel Platz auf dem Boden und an den Wänden und Teilnehmer, die bereit sind, sich mit dem ganzen Körper einzulassen. Es ist eine Erweiterung des klassischen Partnerinterviews.

Durchführung

Die Teilnehmer finden sich zu Paaren zusammen (vielleicht mit einem Paarbildungsspiel wie Kartenziehen).

Als Erstes werden die Körperumrisse gezeichnet. Dazu legt sich ein Teilnehmer auf die Wandzeitung, sein Partner zeichnet mit Filzstift den Körperumriss. Man kann es auch machen, indem sich einer vor eine Pinnwand stellt.

A interviewt dann B und schreibt und zeichnet die Antworten entsprechend in den Körperumriss von B. Anschließend ist B an der Reihe, A zu befragen. Die Einträge in den Körperumriss können Stichworte sein oder auch Zeichnungen, Collagen oder was auch immer. Dabei können die Teilnehmer durchaus kreativ sein.

Mögliche Weiterarbeit

Sämtliche Körperumrisse werden dann an die Wand gehängt, sodass die Teilnehmer herumgehen und sich alle anschauen können. Sie können bei Einzelnen nachfragen, die sie interessieren.

Sie können die Interviews und Einträge ganz frei gestalten las-   Hinweis
sen, Sie können aber auch bestimmte Stichworte vorgeben, die
auf jeden Fall abgefragt und notiert werden sollen.

V – schreiben und zeichnen   Lerntyp
A – miteinander sprechen, Interview
K – auf dem Boden liegen, herumlaufen, zeichnen, gestalten

27. Porträts

Ziel	Kennenlernen
Zeitbedarf	10 Minuten
Teilnehmerzahl	beliebig
Sozialform	Paare, im Stuhlkreis sitzend, Plenum
Material	Flipchart, Moderationskarten, Papier, Stifte

Diese Übung ist eine Variante des Partnerinterviews mit kreati-   Zur Methode
ven Elementen.

Über Kartenziehen oder ein anderes Spiel finden sich Paare. Die   Durchführung
Partner interviewen sich nacheinander gegenseitig und zeichnen
dabei ein Porträt des anderen. Die Fragen, die gestellt und beantwortet werden sollen, stehen auf einem Flipchart.

. . . .

Beispiel-Fragen

1. Was machen Sie beruflich?
2. An welches schöne Erlebnis aus einem Training, bei dem Sie
   Teilnehmer waren, erinnern Sie sich?
3. Drücken Sie in einem Wort aus: „Was ist für Sie Kollegialität?"
   (oder ein anderes Stichwort, das gerade zum Seminarthema
   passt)

Anschließend werden die Porträts an eine Pinnwand gehängt und können kurz im Plenum erläutert werden.

. . . .

Hinweis   Sie können natürlich ganz eigene Fragen entwickeln, die zu Ihrem Trainingsthema oder der Situation der Gruppe passen.

Lerntyp   V – zeichnen
           A – miteinander sprechen

28. Positiver Peter

Ziel	Kennenlernen, Selbstlob, positive Unterstützung
Zeitbedarf	10 Minuten
Teilnehmerzahl	beliebig
Sozialform	Plenum, im Stuhlkreis sitzend
Material	

Zur Methode   Sie können diese Methode zu Beginn eines Seminars zum Kennenlernen der Namen einsetzen, ich wende sie aber auch gerne an einem zweiten Seminartag an. Dann dient sie dazu, die Namen zu wiederholen, und kann gleichzeitig eine Einführung in das Thema „positives Selbstbild", „Selbstlob" oder „Suggestopädie" sein.

Durchführung   Die Teilnehmer sitzen im Kreis und einer beginnt. Sie können auch als Trainer anfangen: „Ich bin ..." Dabei sagen Sie Ihren Namen und verbinden ihn mit einem bis drei positiven Eigenschaftswörtern. Diese Eigenschaften müssen überhaupt nicht auf Sie zutreffen, sondern sie müssen nur mit dem gleichen Anfangsbuchstaben wie Ihr Name beginnen.

Es geht auch darum, spielerisch auszuprobieren, etwas rein Positives über sich selbst zu sagen, und sei es nur zum Spaß. Daher müssen die Adjektive für denjenigen, der sie nennt, hundertprozentig positiv sein.

Wenn es um das Thema „Selbstlob" oder Ähnliches geht, können Sie vorher die Teilnehmer auch auffordern, darauf zu achten, wie jemand spricht, mit welcher Betonung, mit welcher Mimik. Ist es ihm peinlich oder macht es ihm Spaß?

Wenn der Erste sich so vorgestellt hat, geht es der Reihe nach weiter. Wenn jemandem nichts einfällt, sollte in dieser ersten Runde nicht geholfen werden. Sie können dann eine zweite Runde anschließen, in der auch alle anderen passende Adjektive zu jedem Teilnehmernamen nennen, zum Beispiel: „Du bist die außergewöhnliche, attraktive und atemberaubende Agnes."

Auch hier kann man schauen, wie jemand diese „Komplimente" aufnimmt. Badet er darin oder sagt er plötzlich: „Jetzt ist es gut, geht zum Nächsten!"?

Die zweite Runde kann für einzelne Teilnehmer Hinweise geben oder Erkenntnisse bringen. Wenn andere aus der Runde fünf bis sechs Einfälle zu ihrem Namen hatten, dann lag es eben doch nicht am „schwierigen" Buchstaben, dass ihnen selbst nichts einfiel.

A – Namen und Eigenschaften nennen
K – Beteiligung von Emotionen

29. Schlagzeilen[4]

Ziel	Kennenlernen
Zeitbedarf	15 Minuten
Teilnehmerzahl	beliebig
Sozialform	Plenum, im Stuhlkreis sitzend
Material	Titelblatt einer Zeitschrift, Flipchart, Papier und Filzstifte

Zur Methode Dies ist ein kreativer Einstieg in das Seminar, bei dem die Teilnehmer sich auf eine etwas andere Art vorstellen als üblich.

Besonders bei Themen wie Marketing, Verkauf oder Selbst-PR kann man sofort einen Bezug zum Seminar herstellen. Ebenso bei einem Kreativitätsseminar, aber auch bei Themen, die mit Persönlichkeitsentwicklung, Selbstwert und Selbstvertrauen zu tun haben. Dann ist anschließend eine entsprechende Auswertung sinnvoll, in der Bezüge hergestellt werden.

Sie können die Methode aber auch bei jedem Seminarthema einfach als spielerischen Einstieg einsetzen.

Durchführung Auf einer Wandzeitung klebt das Titelblatt einer Zeitung oder Zeitschrift. Die Teilnehmer werden eingeladen, ihre persönliche Schlagzeile zu entwickeln, die etwas über ihre momentane berufliche (oder persönliche) Situation aussagt.

Ziel ist es, das Interesse der Leserschaft zu wecken und auch den Chefredakteur in der Redaktionskonferenz davon zu überzeugen, dass das ein spannender Aufmacher ist.

Die Teilnehmer stellen ihre Schlagzeile vor und erläutern sie mit wenigen Sätzen (etwa zwei Minuten Zeit für die Präsentation).

Beispiele

zum Zeitmanagement
- „Immer noch auf der Suche nach der verlorenen Zeit ..."
- „Begraben unter Aktenbergen!"

zur Selbst-PR
- „Nie war sie wertvoller als heute!"
- „Mit Leichtigkeit den Gipfel erklommen"

Die anderen Teilnehmer und der Trainer dürfen nachfragen.   Varianten

Bevor der Betreffende seine Schlagzeile erläutert, raten die anderen, was damit gemeint sein könnte, und erfinden so „Kurzbiografien".

V – lesen, schreiben, gestalten   Lerntyp
A – sich vorstellen, sprechen
K – kreativ sein, sich bewegen

30. Spiegelschrift

Ziel	Namen kennenlernen
Zeitbedarf	10 Minuten
Teilnehmerzahl	beliebig
Sozialform	Plenum, im Raum herumlaufend
Material	durchscheinendes Papier (Pergament), schwarze Filzstifte, Tesakrepp

Zur Methode	Oft können wir uns Namen nicht merken, weil wir sie nur flüchtig lesen oder hören. Bei dieser Methode werden die Teilnehmer gezwungen, sich etwas intensiver mit den Namen zu befassen.
Durchführung	Jeder Teilnehmer bekommt ein dünnes Pergamentpapier und schreibt seinen Namen mit einem kräftigen schwarzen Stift auf eine Seite. Dann klebt er diesen Zettel so auf seine Brust, dass die Rückseite nach außen hängt, sodass die anderen den Namen nur spiegelverkehrt durch das Blatt lesen können.

Alle gehen durch den Raum und schauen sich nacheinander die Namensschilder der anderen an. |
| Varianten | Sie können natürlich noch weitere Aufgaben damit verbinden und beispielsweise bestimmte Stichworte oder eine Struktur vorgeben, worüber die Teilnehmer sich sonst noch austauschen sollen. |

. . . .

Beispiele

- Gibt es eine Übersetzung/Bedeutung des Namens?
- Wer hat ihn ausgewählt?
- Hieß jemand anderes aus der Familie auch schon so?
- Wie gefällt ihm/ihr der Name?

. . . .

Lerntyp	V – Namen schreiben und lesen
A – bei weiterführender Variante fragen
K – durch den Raum gehen

31. Unternehmensgründung[5]

Ziel	Kennenlernen
Zeitbedarf	Arbeitsgruppen 20 Minuten, Plenum 3 Minuten pro Teilnehmer
Teilnehmerzahl	beliebig
Sozialform	Arbeitsgruppen, Plenum, im Stuhlkreis sitzend
Material	evtl. Moderationskarten und Zeichen- und Bastelmaterial

Zur Methode

Es handelt sich um eine sehr intensive und anspruchsvolle Übung, die schon in engem Zusammenhang mit dem Seminarthema stehen kann. Dabei lernen sich die Teilnehmer unter dem Aspekt ihrer besonderen Stärken kennen. Gleichzeitig erfordert die Methode eine Menge Kreativität – das ist ganz am Anfang nicht immer einfach, wenn vielleicht noch Unsicherheiten da sind.

Durchführung

Sie geben den Teilnehmern die unten stehende Anweisung. Ermuntern Sie alle, dass sie ruhig witzige und verrückte Ideen kreieren dürfen, es muss nicht bierernst sein.

. . . .

Anweisung

Sie möchten mit Freunden ein Unternehmen gründen.
Sie sitzen zusammen und überlegen, was die Stärken und Qualitäten eines jeden sind und welches Unternehmen dazu passt. Sammeln Sie auch Stärken, die nichts mit Ihrem aktuellen Beruf zu tun haben.

Wenn Sie eine Idee für ein Unternehmen haben, dann geben Sie ihm einen Namen und entwickeln dazu einen Werbeslogan.

Ihre Ergebnisse schreiben Sie auf ein Flipchart oder überlegen sich eine andere Art der Präsentation. Sie sollen das Ganze nämlich einer Gruppe von Kapitalgebern verkaufen und haben dazu maximal fünf Minuten Zeit.

. . . .

Nachdem Sie die Aufgabe erläutert haben, arbeiten die Teilnehmer in Gruppen an ihrer Unternehmensgründung. Anschließend kommen alle im Plenum zusammen und eine Gruppe nach der anderen stellt ihren Entwurf vor.

Am Schluss werden die Entwürfe prämiert. Entweder haben Sie eine Gruppe von „Kapitalgebern" ausgewählt (aus den Gruppen) oder Sie als Trainer entscheiden – und begründen diese Entscheidung auch. Das könnte beispielsweise sinnvoll sein beim Thema „Marketing", wo man bei der Besprechung gleich wichtige Kriterien erläutern kann.

Ansonsten können Sie diesen Part spielerisch sehen oder alle „gewinnen" lassen und entsprechend loben oder ihnen einen „Preis" verleihen.

Lerntyp   **V** – Flipchart mit Slogan usw. gestalten
A – miteinander sprechen in Arbeitsgruppen und bei der Vorstellung im Plenum
K – „verrückte" Ideen entwickeln

32. Vernetzen

Ziel	Kennenlernen, Grundlagen für weitere Gruppenarbeit legen
Zeitbedarf	10 Minuten
Teilnehmerzahl	beliebig
Sozialform	Plenum, herumlaufend, Paare, Arbeitsgruppen
Material	Moderationskarten, Filzstifte

Zur Methode

Diese Übung können Sie im Anschluss an die Übung „Kreise bilden" (I. 18) durchführen. Dort hatte jeder zwei Karten mit seinem Namen zu einem Schwerpunkt gelegt.

Durchführung

Die Teilnehmer schauen sich die Themen an und wählen ein Thema aus, das sie genauer interessiert, vielleicht weil sie als Trainer dieses Thema auch anbieten oder zukünftig anbieten wollen (bei Trainer-Seminaren). Sie notieren sich auf grünen Karten den Namen eines Teilnehmers, dessen Karte bei dem Thema liegt, und das Thema.

Vielleicht sucht sich ein „Anfänger" einen „Fortgeschrittenen", von dem er lernen kann, oder einen anderen Teilnehmer zum Austausch oder für eine zukünftige Zusammenarbeit. Das hängt ganz von der individuellen Situation und den Bedürfnissen ab. Es kann auch die Grundlage sein für eine spätere Gruppenarbeit im Seminar. Von daher kann die Weiterarbeit sehr unterschiedlich gestaltet werden.

Beispiel

Beim Thema „Kommunikation" liegt die Karte von Petra. Bernd möchte gerne mehr darüber wissen und notiert sich den Namen von Petra und das Thema Kommunikation auf einer grünen Karte.

Jeder sucht sich den Partner, dessen Namen er notiert hat, und teilt ihm diese Wahl kurz mit. Der andere macht sich entsprechende Notizen auf einer roten Karte. Umgekehrt werden viele auch von jemand anderem angesprochen und machen sich ebenfalls die entsprechenden Notizen auf einer roten Karte.

Somit hat jeder auf jeden Fall eine grüne Karte mit dem Namen eines anderen, mit dem er sich austauschen möchte, und eventuell eine rote Karte von einem anderen Interessenten, der von ihm etwas wissen möchte.

Das gibt sicher einige Bewegung, da es nicht unbedingt genau aufgehen wird. Vielleicht wollen drei Teilnehmer von dem gleichen Kollegen etwas wissen und ein anderer wird gar nicht gefragt. Da ist Überblick und Koordination notwendig. Bei Mehrfach-Interessenten können sich auch kleine Gruppen bilden.

Mögliche Weiterarbeit — Wenn die erste Phase beendet ist, können zum Beispiel alle Karten an eine Pinnwand gehängt und gemeinsam sortiert werden. So sieht man gleich, wo eventuell Arbeitsgruppen entstehen.

Hinweis — Auch „Einzelgänger" lassen sich erfahrungsgemäß einer Gruppe zuordnen, da die meisten ja mehrere Interessen haben.

33. Visitenkarten-Party

Ziel	Kennenlernen
Zeitbedarf	30 Minuten
Teilnehmerzahl	ab 10
Sozialform	Plenum, Partnerarbeit, im Raum herumlaufend, anschließend Stuhlkreis
Material	1 Visitenkarte pro Teilnehmer, evtl. einige Blankokarten und Stifte zum Selbstherstellen, Musik, evtl. Flipchart

Zur Methode

Dies ist eine Methode mit viel Bewegung, die man auch mit größeren Gruppen durchführen kann.

Vorbereitung

Jeder Teilnehmer braucht eine Visitenkarte. Sie können die Teilnehmer in einem Vorabschreiben darum bitten, eine mitzubringen. Ansonsten halten Sie einige Blankokarten bereit, damit sich jeder zu Beginn schnell eine herstellen kann.

Durchführung

Alle Visitenkarten werden auf einen Haufen gelegt oder in einen Hut oder eine Schale geworfen. Anschließend zieht jeder eine Karte. Wer die eigene erwischt, legt sie zurück und nimmt eine neue.

Alle laufen zu Musik durch den Raum und tauschen so schnell wie möglich so viele Visitenkarten wie möglich aus.

Wenn die Musik stoppt, sucht sich jeder den Teilnehmer, der zur Visitenkarte gehört, die er gerade in der Hand hat. Das geht natürlich nicht mit allen gleichzeitig. Mal ist einer der Suchende und mal die Gefundene.

Die Partner tauschen sich aus. Im Gespräch macht sich der Fragende Notizen auf einer Moderationskarte. Nach einem Signal sucht sich jeder einen zweiten Partner. Nach drei oder vier Runden kommen alle wieder im Stuhlkreis zusammen.

Ein Teilnehmer beginnt und wählt einen seiner Interviewpartner aus, den er anhand seiner Notizen und Erinnerungen vorstellt. Dann kommt der nächste Teilnehmer an die Reihe. Alle achten darauf, dass jeder nur einmal vorgestellt wird, was sicher funktioniert, da ja jeder mehrere Partner zur Auswahl hat.

Variante Jeder wählt am Ende der Gesprächszeit einen seiner Interviewpartner aus und tut sich mit ihm zusammen. Das wird sicher ein wenig chaotisch, bis es aufgeht.

Dann sucht sich jedes Paar ein anderes Paar und jeder stellt den anderen seinen Interviewpartner vor. Dabei dürfen die Notizen hinzugezogen werden.

Hinweis Sie können das Ganze wie eine Party gestalten, wo die Gastgeber einen Gast den anderen Gästen vorstellen – oder welches Bild Ihnen gerade passend erscheint.

Sie können es den Teilnehmern ganz überlassen, worüber sie sich mit ihren Gesprächspartnern austauschen. Oder Sie geben bestimmte Fragen oder Stichworte vor, die Sie dann auf ein Flipchart schreiben.

Legen Sie vorher fest, wie lange die Paare miteinander reden sollen, und geben Sie jeweils ein Signal, wenn sie sich einen neuen Partner suchen sollen.

Lerntyp V – Visitenkarten lesen, Notizen aufschreiben
A – Paare sprechen miteinander, anschließend Vorstellung im Plenum
K – herumlaufen, Party spielen

34. Visitenkarten-Quartett

Ziel	Kennenlernen, Selbstlob
Zeitbedarf	60 Minuten
Teilnehmerzahl	ab 12
Sozialform	zunächst Plenum, dann Arbeitsgruppen, im Stuhlkreis sitzend
Material	pro Teilnehmer 4 Visitenkarten, evtl. einige Blankokarten und Stifte zum Selbstherstellen

Diese Methode ist geeignet bei größeren Gruppen, bei denen die Teilnehmer aus unterschiedlichen Bereichen kommen.

Zur Methode

Bitten Sie die Teilnehmer in einem Vorabschreiben, vier Visitenkarten von sich mitzubringen. Wenn jemand keine besitzt, kann er auch einfach selbst welche herstellen.

Vorbereitung

Alle Visitenkarten werden auf einen Haufen gelegt und jeder nimmt vier unterschiedliche Karten, die eigenen erkennt man ja. Sollte man trotzdem aus Versehen die eigene erwischt haben, legt man sie zurück oder tauscht.

Durchführung

Dann schaut sich jeder seine vier Visitenkarten an: Ist das jemand, der mich vom Namen oder Beruf her interessiert? Wenn nicht, können die Teilnehmer weiter durch den Raum gehen und mit jemandem tauschen, wieder die Visitenkarte anschauen, eventuell weiter tauschen, bis sie jemanden haben, dessen Namen sie besonders schön, lustig, originell finden oder der einen Beruf oder Bereich angibt, der sie interessiert, den sie vielleicht gar nicht kennen oder mit dem sie sich austauschen möchten, weil er ihnen ähnlich ist.

Die Kriterien, nach denen jemand seine Karten auswählt, sind beliebig und subjektiv. Es wird so lange ausgewählt, bis schließlich jeder sein Quartett zusammenhat.

Nun bilden sich Vierergruppen nach einem Gruppenaufteilungsspiel. Jeder stellt seine Karten vor und versucht, die anderen aus der Gruppe davon zu überzeugen, dass sie diese Menschen auch kennenlernen wollen. Die Gruppe muss sich schließlich auf vier Karten von den vorhandenen 16 einigen.

Die Gruppe erarbeitet kurz, was sie die Personen fragen will. Am besten wird das aufgeschrieben. Der Trainer kann auch Fragen vorschlagen oder zumindest die Anzahl und die Zeit angeben (damit es nicht uferlos wird).

Nun wird eine der Personen, deren Karte ausgewählt wurde, eingeladen und interviewt. Dabei kommt Bewegung in die Gruppen.

Lerntyp   V – Visitenkarten lesen, eventuell herstellen
A – miteinander sprechen
K – herumlaufen

35. Wappen[6]

Ziel	Kennenlernen
Zeitbedarf	Arbeitsgruppen 15 Minuten, Plenum 20 – 30 Minuten
Teilnehmerzahl	ab 9
Sozialform	Einzelarbeit, Arbeitsgruppen, Plenum
Material	Flipcharts, bunte Kreiden zum Malen, Filzstifte
Online-Ressourcen	Text oder Material für Trainer: http://zamyat-natur-seminare.de/downloads-zum-buch-lebendige-seminare-band-1/ (Passwort: zmk82Fc5M#)

Zur Methode   Das Wappen hat einen archetypischen Charakter. Das Visualisieren der Werte und Stärken sowie ein persönliches Symbol haben sicher ein größeres Gewicht als beispielsweise eine verbale Vorstellungsrunde.

Sie stellen ein Beispielwappen auf einem Flipchart her mit den Vorbereitung Stichworten, die zu Ihrem Seminarthema passen.

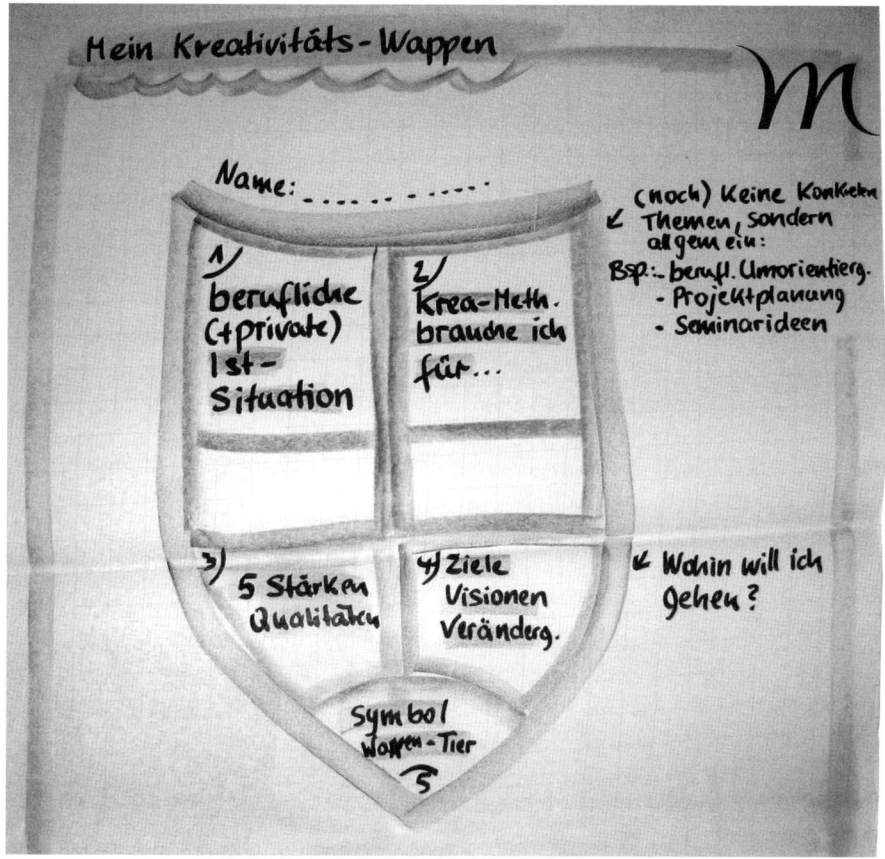

Mein Kreativitäts-Wappen

Name: ....

1) berufliche (+private) Ist-Situation

2) Krea-Meth. brauche ich für...

3) 5 Stärken Qualitäten

4) Ziele Visionen Veränderg.

Symbol Wappen-Tier 5

(noch) keine konkreten Themen, sondern allgem ein:
Bsp: berufl. Umorientierg.
- Projektplanung
- Seminarideen

Wohin will ich gehen?

Beispiel: Kreativitäts-Seminar

Zur Einführung der Methode hängen Sie das vorbereitete Flip- Durchführung chart auf und erläutern kurz die Stichworte.

Anschließend stellt jeder Teilnehmer ein Wappen zur eigenen Person her. Geben Sie einen festen Zeitrahmen an, in dem die Wappen erstellt werden sollen. Die fertigen Wappen werden anschließend aufgehängt und reihum vorgestellt. Bei Zeitdruck kann man die Vorstellung weglassen und stattdessen den Teilnehmern etwas Zeit geben, sich die Ergebnisse anzuschauen und da nachzufragen, wo Interesse besteht.

Variante Es werden Gruppen mit drei Teilnehmern gebildet (zum Beispiel mit einem Gruppenaufteilungsspiel oder nach spontaner Sympathie der Teilnehmer). Es sollten möglichst Teilnehmer zusammen in eine Gruppe gehen, die sich noch nicht oder nicht so gut kennen.

Mögliche Weiterarbeit Reihum stellen sich die Teilnehmer anhand der Stichworte vor. Während sich A vorstellt, stellen B und C das Wappen für ihn her. Jeder bekommt beispielsweise zehn Minuten Zeit, dann hat die Gesamtgruppe 30 Minuten.

Hinweis Die Wappen einer Gruppe werden an eine Pinnwand gehängt. Die beiden Teilnehmer, die das Wappen des dritten hergestellt haben, stellen diesen auch dem Plenum vor. Anschließend kann derjenige dann noch Ergänzungen oder Korrekturen anfügen. Die anderen Teilnehmer aus der Gruppe oder der Trainer können auch noch nachfragen. Das hängt natürlich ein wenig von Ihrem Zeitbudget ab.

Lerntyp Zehn Minuten pro Teilnehmer ist knapp berechnet, aber möglich, und gibt einen Richtwert an. Sie können noch fünf oder zehn Minuten dranhängen, nachdem Sie einmal in allen Gruppen nachgefragt haben, wie weit sie sind, beziehungsweise darauf hinweisen, dass die Zeit sich dem Ende nähert.

V – Zeichnen und Schreiben des Wappens
A – miteinander sprechen und sich vorstellen
K – am Flipchart stehen, malen, Symbol auswählen

36. Wimpelfragen

Ziel	Kennenlernen, Aufgaben im Seminar lösen
Zeitbedarf	zieht sich durch das ganze Seminar
Teilnehmerzahl	beliebig
Sozialform	Plenum
Material	Wimpel-Girlanden, Aufgabenkärtchen, Post-its, Tesakrepp
Online-Ressourcen	Beispiel-Fragen: http://zamyat-natur-seminare.de/downloads-zum-buch-lebendige-seminare-band-1/ (Passwort: zmk82Fc5M#)

Zur Methode

Bei diesem ungewöhnlichen Einstieg in ein Seminar bekommen die Teilnehmer zu Beginn Aufgaben und Fragen, mit denen sie im Laufe des Seminars arbeiten. Diese Methode erscheint vielleicht aufwendig, lohnt sich aber sicher, wenn das Training einen besonderen Rahmen bekommen soll und es sich um ein wichtiges oder neues Thema handelt.

Vorbereitung

Sie kaufen Wimpel-Girlanden aus Papier oder Plastik, die man zur Dekoration auf Partys nutzt. Auf der Rückseite stehen Fragen oder Aufgaben. Diese können Sie auf Post-its oder Kärtchen schreiben und mit Tesakrepp aufkleben, sodass sie leicht abzulösen sind. Diese Girlanden hängen Sie vor Seminarbeginn im Raum auf.

Durchführung

Beim Betreten des Seminarraums bitten Sie die Teilnehmer, sich eine Karte von einem Wimpel zu nehmen. Dazu gibt es zwei Varianten, von denen Sie vorher eine auswählen – je nach Seminarthema und Ziel der Übung. Sie erklären, dass die Fragen oder Aufgaben im Laufe des Seminars bearbeitet werden sollen. Die Teilnehmer können sich die Fragen vorher anschauen und dann eine Karte auswählen, der sie sich gewachsen fühlen.

Im Laufe des Seminars müssen die Teilnehmer sich nun die entsprechenden Informationen besorgen oder ausdenken, wie sie die Aufgaben erfüllen, in denen keine Informationen gefragt sind.

Die Inhalte sollten natürlich mit dem Seminarthema zu tun haben und Bestandteil des Seminars sein, damit die Teilnehmer die Lösungen erfahren können.

Wenn dann im Seminar der Zeitpunkt gekommen ist, an dem die Teilnehmer ihre Wimpelfragen beantworten sollen, werden die Antworten nicht einfach verbal mitgeteilt. Das gäbe nur eine endlos Erzählrunde, von der wenig aufgenommen würde. Stattdessen sollen einige die Antworten in kreativer Form mitteilen (wenn es möglich ist), ein entsprechender Hinweis findet sich in verschlüsselter Form auf der Karte.

Die Karten können unterteilt werden in

W – Wissensfragen, die im Plenum beantwortet werden
P – Pantomime-Aufgaben (die anderen müssen raten)
T – Das soll der Teilnehmer mit der Gruppe tun
A – Austausch mit anderen

Weitere kreative Formen der Beantwortung können sein:

Z – zeichnen
SK – Sketch
R – Rap usw.

Wählen Sie die jeweilige Form danach aus, ob sie zum Thema passt.

Beispiele zum Thema Motivation

1. Wozu können Sie sich gut motivieren? (P) Die anderen müssen raten.

   Nachdem die anderen geraten haben, erzählen Sie uns, WIE Sie sich motivieren, damit wir davon lernen können.

2. Welche „Motivatoren" kennen Sie? Wodurch werden Menschen motiviert? (W)

3. Bei welchen Tätigkeiten oder Aufgaben fällt es Ihnen schwer, sich zu motivieren? Sprechen Sie mit drei anderen darüber und überlegen Sie sich Strategien. Anschließend präsentieren Sie das Ergebnis als Sketch oder Rap. (A) (SK) (R)

4. Was ist das bipolare Antriebssystem und wie wirkt es? (W) Können Sie ein Beispiel dazu aus Ihrem Leben erzählen?

5. Welche Erfolgserlebnisse haben Sie bei der Übung „Erfolgserlebnisse aktivieren" notiert? Nennen Sie uns mindestens drei und ernten Sie Applaus.

6. Welche der Methoden, die Sie im Seminar kennengelernt haben, gefallen Ihnen besonders gut? (am letzten Tag beantworten und begründen)

7. Welche der Methoden, die Sie hier im Seminar kennengelernt haben, setzen Sie als Erstes um und mit welchem Thema/Vorhaben? (am letzten Tag beantworten)

8. Nennen Sie drei „Starthilfen", um bei einem neuen Vorhaben den ersten Schritt zu tun, aber stellen Sie sie pantomimisch vor. (P)

9. Wie können Sie die „Plus-Kärtchen" für sich selbst in Ihren Alltag integrieren (sich also selbst positives Feedback geben)? Nennen Sie mindestens eine kreative Idee. Sie können auch vorher mit anderen gemeinsam verschiedene Varianten überlegen. (A)

. . . .

Varianten

Variante 1

Die Teilnehmer müssen blind eine Karte ziehen und sich, wenn sie die Antwort nicht alleine wissen, Hilfe besorgen.

Variante 2

Wenn die Gruppe sehr groß ist, wird sie in Kleingruppen aufgeteilt. Dort präsentieren die Teilnehmer dann ihre Antworten. Die Gruppe entscheidet, ob die Frage zufriedenstellend beantwortet wurde oder nicht. Wenn nicht, wird sie anschließend ins Plenum getragen.

Mögliche Weiterarbeit

Preisverleihung

Ganz gleich, auf welchem Wege ein Teilnehmer seine Antwort gefunden hat (selbst entwickelt, andere gefragt, im Seminar gelernt), können Sie anschließend noch eine Preisverleihung vornehmen.

Die Preise können in kleinen Päckchen verpackt sein und jeder greift sich eins. Oder sie hängen an einer Kordel oder sind im Raum versteckt.

Und sollte jemandem wirklich nichts einfallen, so bekommt er einen Trostpreis oder einen „Ermutigungspreis".

Lerntyp

V – schriftliche Aufgabenstellung
A – Fragen mündlich beantworten; je nach Variante mit anderen Teilnehmern darüber sprechen
K – herumlaufen, einen Wimpel auswählen, kreative Beantwortung der Fragen (Pantomime, Sketch usw.)

II

Seminar-
erwartungen
und Erfahrungs-
austausch

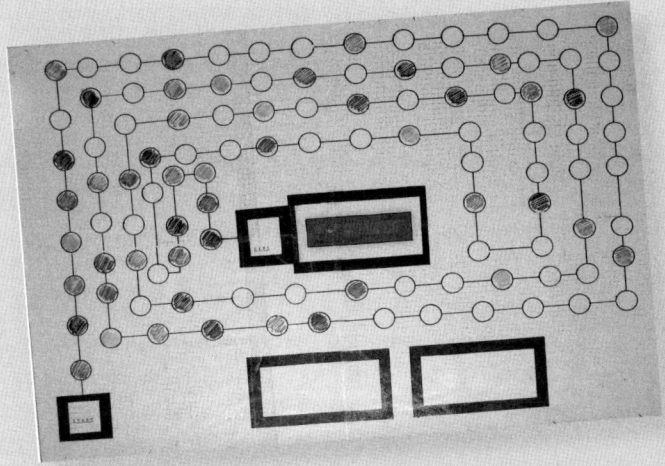

Ist es sinnvoll, Erwartungen abzufragen?

In meiner Anfangszeit als Trainerin habe ich gelernt, dass die Abfrage der Erwartungen zu einem Seminarbeginn gehört – und dies daher auch längere Zeit immer so gehalten. Da wir damals vierzehntägige Seminare durchführten, hatten wir zumindest ausreichend Zeit dafür zur Verfügung.

Später kamen mir dann aber vorübergehend Zweifel. Ich hatte zwei- oder dreitägige Seminare, die Planung war sehr konkret und teilweise mit dem Auftraggeber abgestimmt. Oder ich selbst hatte das Konzept entwickelt in der Überzeugung, dass die wichtigen Themen und Aspekte behandelt wurden. Warum also die Erwartungen abfragen, wenn ohnehin alles schon geplant war und feststand? War das nicht Augenwischerei? Und führte es nicht zu Frust bei den Teilnehmern, wenn ich anschließend sagen musste: „Tut mir leid, aber diesen Punkt werden wir hier nicht behandeln, das passt nicht."

Schließlich entwickelte ich folgende Haltung: Es kann aus zweierlei Gründen trotzdem sinnvoll sein, die Erwartungen der Teilnehmer mit einer Übung zu klären, auch wenn die Planung weitgehend feststeht:

Klarheit für Teilnehmer und Trainer

1. Es ist hilfreich, wenn sich die Teilnehmer selbst klarmachen, warum sie eigentlich in diesem Seminar sind: was sie hier lernen wollen, was sie mitnehmen wollen, welche Ziele sie haben und was sich anschließend in ihrer Arbeit und ihrem Verhalten ändern soll. Denn nur dann können sie mit einem klaren Fokus das aus dem Seminar herausziehen, was für sie relevant ist. Das fördert zudem die Haltung, dass die Teilnehmer selbst aktiv dafür verantwortlich sind, wie viel Nutzen sie aus dem Seminar ziehen. Daher ist es sinnvoller, die Teilnehmer nach ihren Zielen als nach ihren Erwartungen zu fragen. Erwartungen sind mit der Haltung verbunden, dass der Trainer sie erfüllen muss. Ziele kann nur jeder für sich selbst definieren und muss sich dafür aktiv einsetzen.

2. Es ist für Sie als Trainer wichtig und hilfreich zu wissen und zu klären, ob die Erwartungen und Ziele der Teilnehmer mit Ihrer Planung zumindest weitgehend übereinstimmen. Auch bei einer ziemlich festgelegten Planung (weil Sie einen konkreten Auftrag erfüllen sollen) lassen sich oft Varianten oder Änderungen vornehmen. Wenn nicht, ist es zumindest wichtig für einen guten Seminarablauf, das offen mit den Teilnehmern zu klären: „Dies und das wird von Ihren Erwartungen aufgegriffen und bearbeitet, Y und Z sind leider nicht möglich." So können Sie dann gemeinsam überlegen, wie es für den jeweiligen Teilnehmer trotzdem ein effektives Seminar wird, ob und wie er sich darauf einlassen kann. Das schafft eine bessere Stimmung, als wenn Sie ihn vertrösten. Sie können nun als erwachsene Menschen eine Vereinbarung treffen, wie Sie trotzdem fruchtbringend miteinander arbeiten wollen.

Es ist im Übrigen auch für die ganze Gruppe interessant zu sehen, dass die Bedürfnisse zum Teil völlig widersprüchlich sind – und es von daher auch nicht möglich ist, alle zu befriedigen. Dabei ist die Metapher vom Supermarkt oder vom Büffet am Anfang ganz hilfreich: Sie bieten eine große Fülle an – und jeder wählt sich das aus, was ihm schmeckt und was er brauchen kann. Wenn jeder zwei bis drei Dinge auswählt und mitnimmt, dann ist das prima. Es kann nicht der Anspruch sein, dass jeder das komplette Büffet abräumt und ihm jede Speise mundet. Dazu agieren die Teilnehmer unter zu unterschiedlichen Arbeitsbedingungen.

Erfahrungsaustausch kann die Arbeit unterstützen

Die Teilnehmer kommen nicht als unbeschriebene Blätter ins Seminar, sondern sind meist schon seit Jahren in ihrem Beruf tätig und bringen Erfahrungen mit. Daher ist es sinnvoll, diese vorhandenen Ressourcen zu nutzen und aufzugreifen.

Um Vorwissen integrieren zu können, müssen Sie diese Ressourcen kennen und Raum geben, damit sich die Teilnehmer darüber austauschen, was sie zum Seminarthema schon kennen, wissen, machen.

Das entlastet auch Sie als Trainer und Sie können es beispielsweise in Arbeitsgruppen nutzen, indem Sie erfahrene Teilnehmer als Co-Trainer agieren lassen (insbesondere bei Train-the-Trainer-Seminaren) oder diese im Plenum um Ergänzungen bitten.

Es besteht ein großes Bedürfnis nach Erfahrungsaustausch. Ich erinnere mich daran, dass dies einer der wichtigsten Punkte war, als ich Fortbildungen für Lehrer und Ausbilder in der Berufsausbildung durchführte: zu erfahren, was andere bei diesem oder jenem Problem machen. Welche Arbeitsbedingungen sie haben. Was man von ihnen lernen kann.

Die Tipps der Kollegen haben oft mehr Relevanz und Gewicht als die Informationen der Trainer, nutzen und integrieren Sie diese also.

Methoden

1. Erwartungs-ABC

Ziel	Erwartungen und Wünsche der Teilnehmer kennenlernen und mit dem Seminarplan abgleichen
Zeitbedarf	15 Minuten
Teilnehmerzahl	beliebig
Sozialform	Plenum, an Pinnwänden stehend, im Stuhlkreis sitzend
Material	Pinnwände mit Papierbespannung, CD-Player, CD mit Hintergrundmusik, Moderationswolke mit Aufschrift „Wünsche und Erwartungen"

Zur Methode Diese Methode umfasst beide Aspekte, die beim Thema „Seminarerwartungen" wichtig sind: Die Teilnehmer werden sich selbst über ihre Erwartungen und Wünsche klar und nehmen damit eine aktivere Haltung zum Seminargeschehen ein. Sie als Trainer erfahren, mit welchen Erwartungen die Teilnehmer gekommen sind, und können dann klären, ob und wie Sie darauf eingehen.

Durchführung Die Teilnehmer sitzen im Stuhlkreis, im Hintergrund spielt leise, ruhige Musik. An einer Pinnwand hängt links oben in der Ecke eine Wolke mit der Aufschrift „Erwartungen und Wünsche". Auf Pinnwänden sind die Buchstaben des Alphabets kreuz und quer notiert, sodass hinter jedem Buchstaben Platz für Ergänzungen ist.

Mit welchen Wünschen und Erwartungen gehen die Teilnehmer ins Seminar? Sind sie gespannt darauf, was kommt? Neugierig? Erwartungsfroh? Voller Hoffnung? Wünschen sie sich möglichst viel Action? Fisch zum Mittagessen? Tipps für die Praxis? Alle denken kurz nach.

Wem etwas einfällt, der geht an die Pinnwand und notiert es, sei es ein Wort oder ein kurzer Satz. Wer mag, kann seinen Beitrag auch kurz kommentieren. Es können auch mehrere Beiträge zu einem Buchstaben notiert werden.

So werden nach und nach Buchstaben mit Begriffen gefüllt. An der Pinnwand entsteht eine kunterbunte Mischung von Wünschen und Erwartungen. Wenn keine Beiträge mehr kommen, wird die Pinnwand noch einmal gesichtet. Vielleicht fällt allen gemeinsam sogar noch ein Begriff zum X und zum Y ein?

Variante Alle oder mehrere Teilnehmer können immer gleichzeitig an die Pinnwände gehen und ihre Notizen schreiben. Eventuelle Erläuterungen finden dann anschließend statt, wenn alle wieder im Halbkreis sitzen und die Ergebnisse anschauen.

Mögliche Weiterarbeit Sie können nun als Trainer auf einige Punkte eingehen, die entweder aus dem Rahmen Ihrer Planung fallen oder im Gegenteil einen festen Bestandteil des Seminars ausmachen. Dann können Sie darauf hinweisen, wann der Punkt bearbeitet wird.

Interessant ist es sicher auch zu sehen, welche Erwartungen häufiger auftreten und welche sich vielleicht widersprechen. Es hängt von Ihrer Zeit und Ihrem Ziel ab, wie ausführlich Sie auf die Beiträge eingehen oder ob Sie sie erst einmal so stehen lassen.

Lerntyp V – Erwartungen aufschreiben
A – miteinander sprechen, Erwartungen vortragen
K – sich während der Übung bewegen, herumlaufen

2. Flipchart-Staffellauf

Ziel	Erfahrungsaustausch
Zeitbedarf	Arbeitsgruppen 10 – 15 Minuten Staffellauf 5 Minuten Plenum 10 – 15 Minuten
Teilnehmerzahl	ab 8
Sozialform	Arbeitsgruppen, Plenum, im Stuhlkreis sitzend, in Schlangen vor Flipcharts stehend
Material	Flipcharts, Filzstifte

Zur Methode

Diese Methode eignet sich gut für Folgeseminare, kann aber genauso auch in Seminaren eingesetzt werden, in denen sich die Teilnehmer noch nicht kennen.

Durchführung

1. Phase

Es werden Gruppen von drei bis vier Teilnehmern gebildet. Sie haben 10 bis 15 Minuten Zeit, um sich auszutauschen, was seit dem letzten Seminar geschehen ist (oder in den letzten drei Monaten, wenn es das erste Seminar ist). Dazu geben Sie am besten Stichworte auf einem Flipchart oder Arbeitsblatt vor.

. . . .

Beispiel-Stichworte

1. Was ist Besonderes passiert in der Zwischenzeit (in den letzten drei Monaten)? Nennen Sie ein bis zwei Dinge.
2. Worauf sind Sie besonders stolz?
3. Worüber haben Sie sich besonders gefreut?
4. Von welchem aktuellen Projekt möchten Sie berichten?
5. Was planen Sie als Nächstes?

Diejenigen, die zuhören, können sich kurze Notizen machen.

. . . .

2. Phase

Vorne steht ein Flipchart mit zwei Spalten. Wenn es mehr als zwei Gruppen sind, dann gibt es mehrere Flipcharts mit jeweils zwei Spalten. Jede Spalte ist für eine bestimmte Gruppe reserviert.

Die Gruppen stehen nun in einem möglichst großen Abstand in Schlangen vor den jeweiligen Flipcharts. Der Erste jeder Gruppe rennt los und notiert in seiner Spalte ein Stichwort von dem, was er von einem anderen Gruppenmitglied erfahren hat. Dann läuft er zurück und übergibt dem Nächsten den Filzstift.

Auch hier wird eine Zeit vorgegeben, etwa fünf Minuten. Danach geben Sie ein Signal mit einer Zimbel, Glocke oder Stoppuhr und die Gruppen setzen sich wieder hin.

Diejenige Gruppe, die am meisten geschrieben hat, hat gewonnen und bekommt Applaus.

3. Phase

Alle sitzen im Stuhlkreis und ein Ball wird herumgeworfen. Wer den Ball hat, kann äußern, zu welchem der Stichworte er gerne mehr Informationen hätte. Derjenige, der in seiner Gruppe darüber gesprochen hat, berichtet nun kurz.

Lerntyp V – Notizen auf Karten und auf Flipcharts
A – Austausch in den Gruppen und im Plenum
K – laufen, Wettspiel

3. Gruppen-Mind-Map

Ziel	Vorwissen der Teilnehmer klären, Erfahrungsaustausch, Ziele für das Seminar formulieren
Zeitbedarf	Arbeitsgruppen 15 – 20 Minuten, Weiterarbeit 10 – 15 Minuten
Teilnehmerzahl	ab 9
Sozialform	Gruppen in 4 Ecken
Material	Flipcharts mit Themen für jede Gruppe, ggf. in unterschiedlichen Farben
Online- Ressourcen	Beispiele für Satzanfänge auf den Flipcharts: http://zamyat-natur-seminare.de/downloads-zum-buch-lebendige-semina-re-band-1/ (Passwort: zmk82Fc5M#)

Bei einem Gruppen-Mind-Map sind alle Teilnehmer gleichzeitig aktiv und der Trainer kann in relativ kurzer Zeit eine Fülle von Informationen über das Vorwissen und/oder die Erwartungen der Anwesenden erfahren. Gleichzeitig findet schon ein Erfahrungsaustausch zwischen den Teilnehmern statt und sie können voneinander lernen.

Zur Methode

Es werden Fragen, Unklarheiten und Befürchtungen klar, diese können anschließend besprochen werden. Vor allem kann daraufhin die Seminarplanung überprüft und eventuell verändert werden.

Vorbereitung

Sie überlegen, welche Schwerpunkte Sie abfragen wollen, und entwickeln entsprechende Formulierungen, Satzanfänge oder Fragen und schreiben diese jeweils auf ein Flipchart. Dieses legen Sie quer und schreiben den Satzanfang in eine Wolke in die Mitte. Vom Mittelpunkt aus zeichnen Sie einige Mind-Map-Strahlen, an die die Teilnehmer dann ihre Stichworte anhängen.

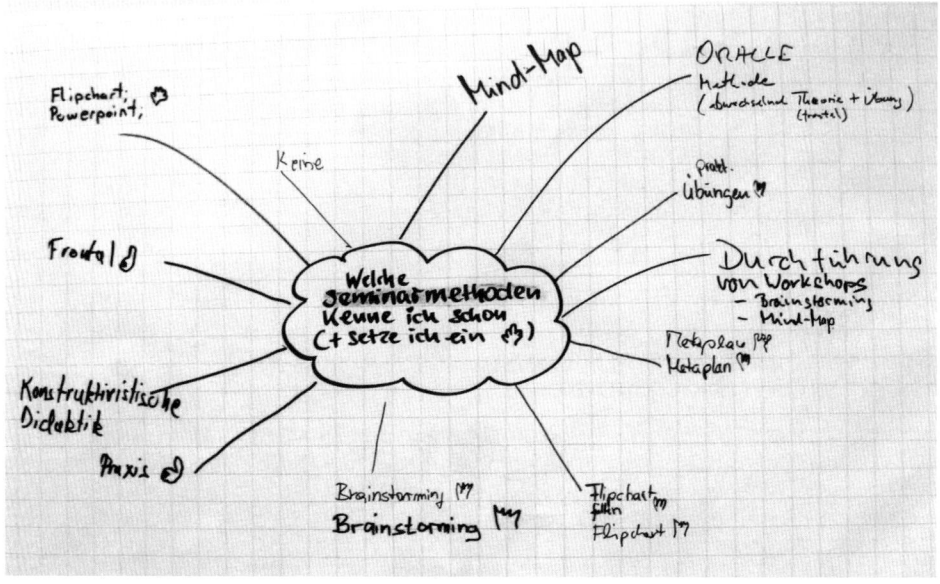

Je nach Gruppengröße bereiten Sie drei oder vier Flipcharts mit unterschiedlichen Fragen vor.

Durchführung Sie bilden drei oder vier Gruppen zu drei bis fünf Teilnehmern. Jede Gruppe bekommt ein Flipchart und einen Filzstift in einer eigenen Farbe, den sie während der ganzen Übung beibehält (rote Gruppe, grüne Gruppe usw.). Ein Teilnehmer der Gruppe notiert die Stichworte und Antworten der anderen in Mind-Map-Form. Die Flipcharts können auf einem Tisch liegen oder an einer Pinnwand hängen.

Sie sollten die Teilnehmer darauf hinweisen, dass alle einzelnen Antworten der verschiedenen Teilnehmer einer Gruppe notiert werden. Sie sollen sich nicht auf jeweils eine Antwort pro Frage einigen oder die Antworten allgemein zusammenfassen. Je konkreter die Aussagen sind, umso besser kann damit nachher weitergearbeitet werden.

Nach etwa fünf Minuten geben Sie ein Signal, dann wandern die Gruppen im Uhrzeigersinn zum nächsten Flipchart und ergänzen dieses, bis alle Gruppen bei allen Flipcharts waren. Die nächste Gruppe kann beliebige Ergänzungen dazuschreiben, neue Punkte oder Gegensätzliches. Diese werden an die schon vorhandenen Wolken oder Äste gehängt. Es darf allerdings nichts durchgestrichen werden.

Räumen Sie ab der zweiten Runde ein wenig mehr Zeit ein, weil die Gruppen erst einmal lesen müssen, was die vorherigen geschrieben haben. Wenn alle Flipcharts von allen Gruppen bearbeitet wurden, werden sie an die Wand oder die Pinnwände gehängt.

Beispiele für Satzanfänge auf den Flipcharts

1. Ich habe mich zu diesem Seminar angemeldet, weil ...

2. In diesem Seminar wünsche ich mir ...

3. In diesem Seminar möchte ich nicht ...
   (oder: Meine Befürchtungen sind ...)

4. Das möchte ich zum Gelingen des Seminars beitragen: ...

Die Weiterarbeit kann unterschiedlich erfolgen.

Mögliche Weiterarbeit

1. Alle wandern herum und schauen sich die ausgefüllten Mind-Maps an. Anschließend kann im Plenum über die Dinge gesprochen werden, bei denen noch Fragen bestehen oder Diskussionsbedarf herrscht. Das kann auch durch entsprechende Markierungen mit Filzstift deutlich gemacht werden:

?   Hierzu habe ich eine Frage. / Das verstehe ich nicht.

!   Darüber möchte ich sprechen. / Hier habe ich Diskussionsbedarf.

:-(Damit bin ich nicht einverstanden.

2. Die Teilnehmer setzen sich im Halbkreis davor und sprechen ein Flipchart nach dem anderen durch.

Hinweis   Wenn nicht viel Zeit vorhanden ist, können Sie die Flipcharts auch nur aufhängen und die Teilnehmer bitten, sie sich in den Pausen noch einmal anzuschauen. Sie selbst prüfen dann in der nächsten Pause, ob es Punkte gibt, die Sie besprechen wollen. Sei es, dass Erwartungen nicht in das vorhandene Seminarkonzept passen oder dass Sie darauf hinweisen, wann das Thema behandelt wird.

Es bietet sich an, nach dieser Methode den Seminarplan vorzustellen und mit den Erwartungen der Teilnehmer zu vergleichen.

Die Flipcharts können das ganze Seminar über an der Wand hängen bleiben, sodass man immer wieder einmal schauen kann, welche der Punkte inzwischen bearbeitet wurden. Sie können während des Seminars darauf hinweisen: „Jetzt kommt der Punkt XY, den Sie in Ihren Erwartungen genannt haben." Auch bei der Seminarauswertung können Sie noch einmal Bezug darauf nehmen und die Teilnehmer überprüfen lassen, ob sich ihre Erwartungen erfüllt haben.

Lerntyp   V – Flipcharts schreiben und lesen
A – miteinander sprechen
K – von Flipchart zu Flipchart gehen oder vor der Pinnwand stehen

4. Lernprozesse[7]

Ziel	Vorkenntnisse und Erwartungen der Teilnehmer klären, Fragen zum Thema sammeln
Zeitbedarf	Einzelarbeit 7 Minuten, Arbeitsgruppen 15 Minuten, Plenum 10 Minuten
Teilnehmerzahl	ab 8
Sozialform	Einzelarbeit, Arbeitsgruppen, Plenum, im Stuhlkreis sitzend
Material	Flipchart mit Fragen, DIN-A4-Blatt für jeden Teilnehmer

Zur Methode

Die Teilnehmer können ihre Erwartungen an das Seminar klären und zu einem konkreten Thema ihre Gedanken und Gefühle sammeln und ordnen. Auch das Vorwissen und die Vorerfahrungen der Teilnehmer zum Thema werden angesprochen.

Vorbereitung

Jeder Teilnehmer unterteilt ein quer liegendes DIN-A4-Blatt in vier einzelne Rechtecke. In diese Rechtecke schreibt er anschließend Stichworte oder zeichnet Symbole ein zu Ihren Fragen. Die Fragen visualisieren Sie auf einem Flipchart.

Beispielfragen

1. Was haben Sie schon zum Thema ... gelernt? Wie sind Sie dazu erzogen worden? Was lehrten Sie andere Personen dazu?

2. Was haben Sie zum Thema ... aus eigener Erfahrung gelernt? Was haben Sie in Ihrem Leben selbst darüber herausgefunden? Was haben Sie darüber gelesen, aus eigener Beobachtung gewonnen?

3. Was ist noch unbekannt? Was wünschen Sie, was erhoffen Sie, zum Thema zu lernen oder zu erfahren? Was möchten Sie über

das Thema … lernen? Wie möchten Sie Ihre innere Einstellung entwickeln?

4. Bleibt zunächst leer. Dort werden nach der Arbeit mit den ersten drei Fragen später Einsichten, Beobachtungen, Pläne, Handlungsvorschläge notiert.

. . . .

Durchführung

Einzelarbeit
Zuerst füllt jeder sein Blatt alleine aus.

Gruppen
Je vier Teilnehmer tauschen sich über die ersten drei Fragen aus, sammeln dann die Ergebnisse zur dritten Frage. Diese notieren sie auf einem Flipchart.

Plenum
Hier findet dann ein Austausch über die gesammelten Wünsche statt, wobei die Arbeitsgruppen ihre Ergebnisse am Flipchart kurz vorstellen.

Lerntyp

V – Notizen und Zeichnungen anfertigen
A – miteinander sprechen
K – Plätze wechseln, zeichnen

5. Mind-Map Wissen und Fragen

Ziel	Vorkenntnisse der Teilnehmer klären, Fragen zum Thema sammeln
Zeitbedarf	Arbeitsgruppen 10 Minuten, Plenum 10 Minuten
Teilnehmerzahl	ab 8
Sozialform	Arbeitsgruppen, Plenum, im Stuhlkreis sitzend
Material	Flipchart, Stifte

Die Teilnehmer sammeln für den Einstieg Vorkenntnisse zum Zur Methode Seminarthema und Fragen, die sie dazu haben.

Es bilden sich Gruppen von vier bis fünf Teilnehmern, die jeweils Durchführung ein Mind-Map auf ein Flipchart malen. Dort sammeln sie zum einen, was sie schon zum Thema wissen, kennen oder machen, zum anderen, was sie dazu noch im Seminar lernen wollen und welche Fragen sie dazu haben.

Vielleicht müssen Sie vorher kurz die Struktur eines Mind-Maps erläutern, es reicht in diesem Zusammenhang, einfach ein Beispiel zu zeigen. Wahrscheinlich gibt es auch in jeder Gruppe einen Teilnehmer, der die Mind-Map-Methode kennt.

Die Gruppen sollen selbst die Oberbegriffe und Zuordnungen entwickeln. Anschließend stellt jede Gruppe ihr Mind-Map im Plenum vor und Sie als Trainer erläutern, welche der Fragen wann im Seminar bearbeitet werden. Je nach Frage beantworten Sie diese auch sofort.

Auf die Vorkenntnisse können Sie dann im Laufe des Seminars immer wieder zurückgreifen.

V – Mind-Map schreiben   Lerntyp
A – sich austauschen
K – aufstehen, am Flipchart oder um einen Tisch herum stehen

6. Praxisspiel mit Spielbrett und Karten

Ziel	Erfahrungsaustausch
Zeitbedarf	30 Minuten
Teilnehmerzahl	ab 8
Sozialform	Arbeitsgruppen
Material	Spielbretter, Spielkarten, Spielfiguren, Würfel
Online-Ressourcen	Beispiele für Karten-Texte: http://zamyat-natur-seminare.de/downloads-zum-buch-lebendige-seminare-band-1/ (Passwort: zmk82Fc5M#)

Zur Methode   Dies ist eine sehr zeitaufwendige Methode, sie lohnt sich bei zwei bis drei Seminartagen wohl nur dann, wenn es Bestandteil des Seminars ist, dass sich die Teilnehmer sehr ausführlich mit ihren Erfahrungen zum Thema austauschen. Für längere gemeinsame Projekte oder mehrteilige Seminare ist sie sehr gut geeignet. Die Teilnehmer tauschen ihre Erfahrungen hier spielerisch aus.

Es geht nicht darum, wer am schnellsten an einem Ziel ankommt und gewinnt, sondern darum, möglichst viel voneinander zu erfahren. Daher kann es sinnvoll sein, dass sich alle zu bestimmten Fragen äußern – immer dann, wenn es die anderen auch interessiert.

Das Spiel bietet eine Struktur und garantiert so, dass jeder zu Wort kommt, was bei einem offenen Erfahrungsaustausch nicht unbedingt gewährleistet ist. Außerdem können durch die Fragen Themen vorgegeben werden, die mit dem Seminarinhalt oder dem beruflichen Hintergrund der Teilnehmer zu tun haben, je nach Seminarthema aber auch durchaus persönliche Fragen.

Spielbrett

Gestalten Sie ein Spielbrett ähnlich dem Beispiel auf dem Foto. Sie können solch ein Spielbrett ohne allzu viel Aufwand selbst herstellen. Die Rückseite eines Zeichenblocks oder eine andere Pappe genügt. Sie benötigen außerdem Filzstift, Lineal und eine Schablone für die Kreise sowie Farben.

Die Spielbretter sind neutral zu halten, sodass sie zu den unterschiedlichsten Themen mit anderen Fragen und Karten einsetzbar sind. Sie werden edler und halten länger, wenn Sie sie laminieren.

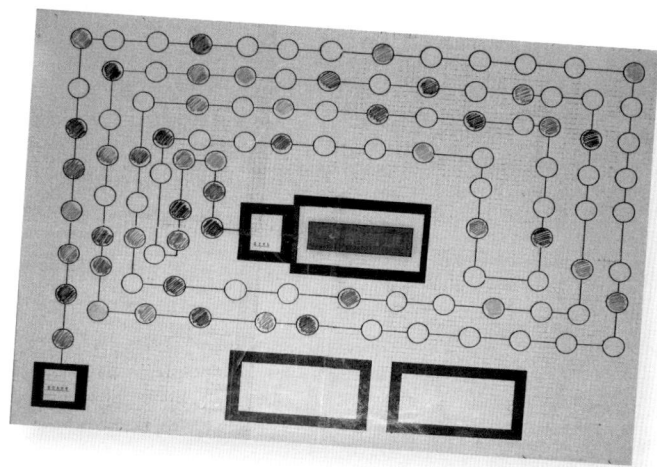

Spielkarten

Auf den Karten stehen Fragen oder Aussagen, die mit der Arbeit zu tun haben und so einen Einblick geben in die unterschiedlichen Organisationsformen und Probleme bei der Arbeit. Es können aber auch persönliche Bereiche angesprochen werden. Die Fragen und Aussagen können genau auf das Seminarthema abgestimmt sein oder eher allgemein gehalten werden. Bei Aussagen können die Teilnehmer sagen, ob sie auf sie zutreffen oder nicht, ob sie ihnen zustimmen oder nicht. Die Fragen werden beantwortet.

Es werden Gruppen gebildet. Jede Gruppe setzt sich an einen Tisch um ein Spielbrett herum. Die Fragekarten liegen verdeckt auf einem Stapel in einem dafür vorgesehenen Feld oder neben dem Brett.

Jeder Teilnehmer wählt eine Spielfarbe vom Spielbrett und die entsprechende Spielfigur. Ein Teilnehmer beginnt und würfelt. Die Punktzahl des Würfels gibt an, wie viele Felder jemand mit seiner Figur vorrückt. Die Richtung ist gleich, es gibt kein Ziel auf dem Spielbrett, das erreicht werden muss. Entscheidend ist die Farbe, auf der die Spielfigur landet. Kommt die Figur von Spieler A auf einen blauen Punkt, dann muss derjenige mit der Farbe Blau die Frage beantworten.

Wer an der Reihe ist, zieht die oberste Fragekarte und stellt die Frage an den Teilnehmer, auf dessen Farbfeld er steht. Dieser kann selbst entscheiden, wie ausführlich und persönlich er antwortet. Je nach Frage kann er auch anregen, dass alle Spieler sich dazu äußern.

Geben Sie als Trainer vorher eine feste Zeit an. Danach geben Sie ein Signal, dass die Gruppen den Austausch beenden.

Beispiele für berufliche Fragen und Aussagen

Bei den Aussage-Kärtchen soll der Teilnehmer Stellung dazu nehmen, ob die Aussagen auf ihn zutreffen oder nicht, und dies kurz erläutern, die Fragen soll er beantworten.

- Was macht Ihnen am meisten Spaß bei Ihrer Arbeit?
- Ich habe mich in meinem Beruf noch nie gelangweilt!
- Die meiste Zeit bin ich bei meiner Arbeit mit Kleinkram beschäftigt, der mich von den wirklich wichtigen Dingen abhält.
- Bei mir gibt es eine strikte Trennung von Beruf und Privatleben.
- Was macht Ihnen am wenigsten Spaß bei Ihrer Arbeit?

Natürlich kann nun nicht alles im Plenum wiederholt werden, was in den einzelnen Gruppen ausgetauscht wurde. Sie können aber ein kurzes Austauschspiel gestalten, indem Sie einen Ball oder ein Frisbee herumwerfen mit der Aufforderung: „Nennen Sie einen Punkt, den Sie besonders spannend fanden." Derjenige, der fängt, soll in einem Satz antworten. Wenn Interesse besteht, mehr darüber zu erfahren, sollen die anderen ihn in der Pause weiter dazu befragen. Mögliche Weiterarbeit

V – Karten und Spielbrett
A – miteinander sprechen
K – spielen Lerntyp

7. Saga-Karten

Ziel	Momentaufnahme der Teilnehmerstimmung und Situation, Erwartungen zum Seminar klären
Zeitbedarf	15 Minuten
Teilnehmerzahl	beliebig
Sozialform	Arbeitsgruppen oder Plenum, im Stuhlkreis sitzend
Material	Saga-Karten oder andere Karten

Es gibt unterschiedliche Bild-Karten-Sets zu kaufen, wie das OH-Spiel, Saga-Karten und andere. Zum Einstieg nehme ich oft die Saga-Karten, die archetypische Bilder zeigen. Damit lassen sich Fragen an die Teilnehmer verbinden. Zur Methode

Sie legen die Karten kreisförmig auf den Boden um einen Mittelpunkt herum. Dann fordern Sie die Teilnehmer auf, eine Karte zu ziehen. Erst danach stellen Sie weiterführende Fragen, die die Teilnehmer anhand der Karte beantworten. Je nach Gruppengröße und Zeit kann das in Arbeitsgruppen oder in der Gesamtgruppe geschehen. Durchführung

Beispielfragen

1. Warum haben Sie die Karte ausgewählt? Was hat sie mit Ihnen zu tun?

2. Was hat die Karte mit dem Seminarthema zu tun?

3. Drückt die Karte eher ein Ziel aus, das Sie in diesem Seminar erreichen wollen, oder eine Befürchtung? Wie lautet das Ziel oder die Befürchtung?

Variante Sie geben vor der Auswahl der Karte schon ein konkretes Thema vor. Beispielsweise: „Wählen Sie eine Karte aus, die ausdrückt, welches Ziel Sie in diesem Seminar verfolgen."

Hinweis
Ich persönlich bevorzuge die erste Form, in der die Teilnehmer vorher noch nicht die Fragestellung kennen, weil dann keine innere Zensur stattfindet und man eher mitbekommt, was die Teilnehmer im Moment bewegt.

Lerntyp V – Bilder sehen
A – Erläuterungen geben
K – aufstehen und Karte nehmen,
    Bilder anschauen

8. Stationen-Flipchart

Ziel	Erwartungen und Ziele der Teilnehmer klären, Vorerfahrungen der Teilnehmer sammeln
Zeitbedarf	Einzelarbeit oder Arbeitsgruppen 20 Minuten, Plenum 10 Minuten
Teilnehmerzahl	ab 8
Sozialform	einzeln oder in Arbeitsgruppen an Pinnwänden stehend, Plenum, im Stuhlkreis sitzend
Material	so viele Flipcharts oder Pinnwände wie Gruppen (2 – 4)
Online-Ressourcen	Material für Trainer: http://zamyat-natur-seminare.de/downloads-zum-buch-lebendige-seminare-band-1/ (Passwort: zmk82Fc5M#)

Zur Methode

Mit dieser Methode kommen die Teilnehmer in Bewegung und es findet schon ein intensiver Austausch statt. Die Teilnehmer gehen zu verschiedenen Stationen. Hier können Sie bereits die Grundlage für die Weiterarbeit legen.

Durchführung

Auf verschiedenen Pinnwänden hängen Flipcharts mit Fragen zu einem bestimmten Schwerpunkt. Sie können – je nach Gruppengröße – unterschiedlich verfahren und entweder die Teilnehmer einzeln an den Stationen arbeiten lassen oder in Gruppen.

Sie können es den Teilnehmern überlassen, ob sie ihre Notizen in einer Liste oder in einem Mind-Map festhalten.

. . . .

Beispiel-Flipchart für ein Trainer-Seminar

1. Welche Seminarmethoden kenne ich schon (und welche davon setze ich ein? → daneben ein Handsymbol zeichnen)?

2. Was ist mein Ziel in diesem Seminar?

3. Was möchte ich (in meinen Schulungen) verändern?

4. Was bin ich bereit zu investieren?

. . . .

Varianten **Variante 1 – einzeln**

Die Teilnehmer gehen einzeln herum und tragen anonym ihre Erfahrungen oder Wünsche ein. Sie gehen im eigenen Rhythmus.

Variante 2 – Gruppen

Die Gesamtgruppe wird in Arbeitsgruppen aufgeteilt, die sich an den verschiedenen Pinnwänden treffen. Sie diskutieren über die jeweiligen Schwerpunkte und machen entsprechende Einträge. Auf ein Signal hin wandern alle weiter, bis jede Gruppe an jeder Pinnwand war.

Hinweis Die Fragen unterstützen den Ansatz, dass die Teilnehmer mitverantwortlich sind für den Verlauf des Seminars. Gleichzeitig erfährt der Trainer aber auch, wo der Bedarf liegt. Sie können beliebige Fragen und Schwerpunkte formulieren, die zu Ihrem Seminarthema passen.

Mögliche Weiterarbeit 1. Die Teilnehmer und der Trainer können anschließend herumgehen und sich die Einträge anschauen. Da, wo sie Fragen haben oder Diskussionsbedarf, malen sie ein entsprechendes Zeichen neben das Stichwort: ein Fragezeichen für Frage, einen Mund für Diskussionsbedarf. Anschließend setzen oder stellen sich alle im Halbkreis davor und gehen die entsprechenden Punkte durch. Dabei antworten die „Autoren" auf die jeweiligen Fragen, es können sich aber auch Diskussionen zwischen allen ergeben.

2. Alle setzen sich im Halbkreis vor die Flipcharts und der Trainer fungiert als Moderator, indem er Flipchart für Flipchart

die Einträge vorliest und fragt, wo die Teilnehmer noch nachfragen möchten.

V – Flipcharts lesen und schreiben
A – sich austauschen (bei AG-Variante)
K – herumlaufen

9. Vier Ecken

Ziel	Erwartung der Teilnehmer konkretisieren
Zeitbedarf	20 Minuten
Teilnehmerzahl	ab 8
Sozialform	Arbeitsgruppen, dann Plenum, im Stuhlkreis sitzend
Material	Plakate mit Aussagen, Stifte

Die Teilnehmer können sich in Gruppen über einen besonderen   Zur Methode
Aspekt ihrer Erwartungen an das Seminar austauschen und Gemeinsamkeiten herausfinden.

Sie beschriften Plakate für die vier Ecken des Seminarraums.   Vorbereitung

In den vier Ecken des Raums hängen Plakate mit vier verschie-   Durchführung
denen Aussagen.

. . . .

Beispiel

Ich bin in diesem Seminar,

1. ... weil ich theoretische Grundlagen zum Thema Kreativität
lernen möchte.

2. ... weil ich Kreativitätstechniken kennenlernen möchte, die ich für meine Themen im Arbeitsalltag einsetzen kann.

3. ... weil ich bei Teamsitzungen mit Kreativitätstechniken arbeiten will (also auch lernen möchte, wie man sie mit anderen zusammen durchführt und moderiert).

4. ... weil ich ganz konkrete Themen hier mithilfe der Kreativitätstechniken bearbeiten will.

Die Teilnehmer ordnen sich einer der Ecken und damit einer Aussage zu, auch wenn mehrere auf sie zutreffen. Sie sollen diejenige Aussage auswählen, die für sie im Moment die wichtigste ist.

Die Arbeitsgruppen haben nun 15 Minuten Zeit, sich über ihre Erwartungen und Bedürfnisse auszutauschen und gemeinsam den folgenden Satz zu beenden: „Das Seminar wird ein voller Erfolg, wenn wir ...“ Es können mehrere Satzenden formuliert werden, die unterschiedliche Aspekte zum Inhalt haben.

Diese Sätze werden auf einem Flipchart notiert und anschließend dem Plenum präsentiert.

Mögliche Weiterarbeit Sie können bei der Vorstellung des Seminarplans darauf Bezug nehmen und die Flipcharts außerdem bei der Seminarauswertung einbeziehen und die Teilnehmer überprüfen lassen, ob und wie sich ihre Erwartungen erfüllt haben.

Lerntyp V – auf Flipcharts schreiben
A – sich austauschen
K – am Flipchart stehen

10. Zerknüllen und wegwerfen[8]

Ziel	Kennenlernen und Seminarerwartungen klären
Zeitbedarf	5 Minuten
Teilnehmerzahl	ab 8
Sozialform	Plenum, im Stuhlkreis sitzend
Material	DIN-A4-Papier, Stifte

Die ungewöhnliche Behandlung von Notizen bringt Stimmung und erhöhte Konzentration.

Zur Methode

Die Teilnehmer sitzen im Stuhlkreis. Jeder Teilnehmer zeichnet auf die obere Hälfte eines DIN-A4-Blatts ein Porträt seines rechten Nachbarn und schreibt dessen Namen dazu. Dann stehen alle feierlich auf, zerknüllen die Zettel und werfen sie in die Mitte auf den Boden. Der Trainer mischt die zerknüllten Zettel. Anschließend zieht jeder Teilnehmer einen neuen Zettel.

Durchführung

Damit hat jeder den Partner für die zweite Runde gefunden. Die beiden führen ein Interview durch mit Fragen zu den Seminarerwartungen, beispielsweise: „Was ist dein Wunsch an das Seminar?" Die Antworten schreibt der Interviewpartner ebenfalls auf das Papier. Nach drei bis fünf Minuten werden die Interviewer von ihren Partnern interviewt. Wieder stehen alle auf, zerknüllen die Zettel und werfen sie in die Mitte auf den Boden.

Jeder zieht einen neuen Zettel aus dem Haufen und hat damit seinen Partner für die dritte Runde. Hier können die Teilnehmer nun eine weitere Frage zu den Seminarerwartungen stellen und die Antworten wieder auf dem Zettel notieren. Zum letzten Mal werden die Zettel zerknüllt, in die Mitte geworfen und ein neues Blatt gezogen.

Alle setzen sich wieder in den Stuhlkreis und jeder berichtet über den Teilnehmer, dessen Zettel er nun gezogen hat, und stellt mit ein, zwei Sätzen dessen Erwartungen an das Seminar vor.

Der Trainer kann die Ergebnisse stichwortartig auf einem Flipchart festhalten und auf die einzelnen Erwartungen eingehen. Er kann etwa klären, ob und wann diese Erwartungen im Seminar erfüllt werden können und ob sie zu der Planung passen.

Lerntyp   V – zeichnen und schreiben
           A – miteinander sprechen, fragen und antworten
           K – spielerisch Papier zerknüllen, aufstehen

11. Zukunftsinterview[9]

Ziel	Ziele des Seminars deutlich machen und Transfer vorbereiten
Zeitbedarf	20 Minuten
Teilnehmerzahl	ab 8
Sozialform	Paare
Material	ggf. Flipchart oder Fragebogen

Zur Methode   Die Teilnehmer kommen mit dieser Übung in einen inneren Zustand, als ob das Ziel des Seminars schon erreicht wäre. Sie versetzen sich in eine Zeit nach dem Seminar, wo sie ihre Vorhaben umgesetzt haben. Das ist eine sehr kraftvolle Übung, die die Selbstverantwortung der Teilnehmer aktiviert.

Vorbereitung   Bereiten Sie Beispielfragen auf einem Flipchart oder einem DIN-A4-Fragebogen für die Teilnehmer vor.

Die Teilnehmer gehen zu Paaren zusammen (oder die Paare werden mit einem Paaraufteilungsspiel gebildet) und interviewen sich gegenseitig. Dabei stellen sie sich vor, dass das Seminar schon einige Wochen oder Monate hinter ihnen liegt. Durchführung

Teilnehmer A beginnt und interviewt B zehn Minuten lang, danach werden die Rollen getauscht und B interviewt A.

Beispielfragen

- Wenn Sie jetzt auf das Seminar zurückschauen, was ist alles in der Zwischenzeit geschehen?
- Was konnten Sie von den Inhalten und Methoden umsetzen?
- Welche Ideen haben Sie in die Tat umgesetzt, welche Projekte realisiert?
- Welche Schwierigkeiten sind aufgetreten und wie haben Sie diese überwunden? Wer hat Ihnen dabei vielleicht geholfen?
- Was hat sich eventuell auch an Einstellungen oder Gefühlen Ihrer Arbeit gegenüber verändert?
- Wie haben Ihre Kollegen und Vorgesetzten auf die Veränderungen reagiert?
- Wie ist Ihr Gesamtresümee zum Seminar?
- Was würden Sie aus Ihren Erfahrungen heraus heute bei der Umsetzung in die Praxis anders machen?
- Welchen Rat würden Sie anderen Seminarteilnehmern geben?

Es fällt den Teilnehmern vielleicht nicht immer leicht, in der Vergangenheitsform zu sprechen, hören Sie daher ab und zu rein und unterstützen Sie die Formulierungen. Hinweis

Sie können als Einstieg ein entsprechendes Flipchart mit dem Zukunftsdatum gestalten, mit einem Kalenderblatt oder einer anderen Anregung. Vielleicht legen Sie auch passende Requisiten dazu, die die Zeitreise symbolisieren. Sie können den Teil-

nehmern auch (symbolische) Mikrofone geben wie einen Filzstift oder anderes.

Da die Hälfte der Gruppe gleichzeitig redet, ist der Stimm-
pegel ziemlich laut, was aber das offene Sprechen für einige
erleichtert.

Lerntyp   V – Flipchart lesen
           A – miteinander sprechen
           K – spielen, sich eine Situation vorstellen

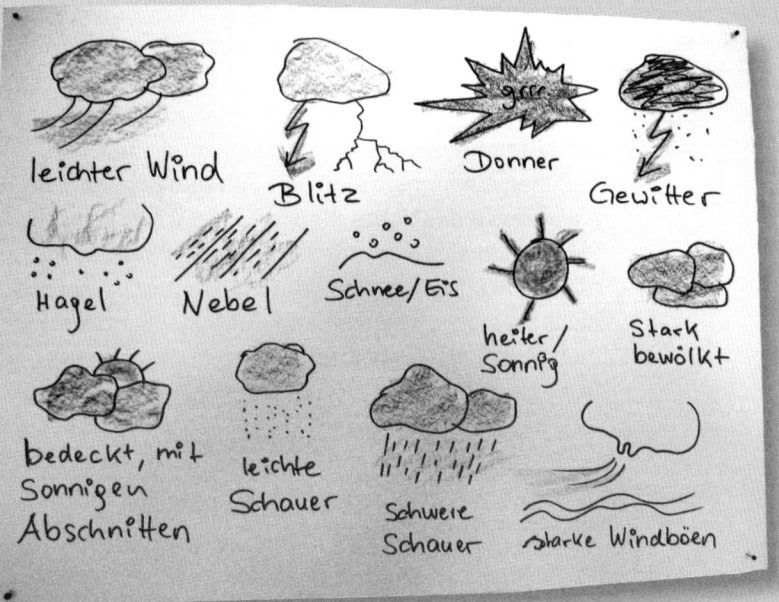

III

Tageseinstieg

Bewusst gemeinsam anfangen

Der Tageseinstieg wird in vielen Trainings völlig außer Acht gelassen. Die Zeit ist ohnehin knapp, da kann man sich nicht noch solche Spielchen leisten – so die gängige Meinung. Das ist meines Erachtens ähnlich kurz gegriffen wie der Verzicht auf eine oder zwei Übungen zum Kennenlernen, wie sie in Kapitel I zu finden sind.

Wenn Sie fünf Minuten oder auch ein paar mehr dafür „opfern", dass die Gruppe gut kooperiert, dann haben Sie damit unter Umständen sehr viel Zeit gespart. Konzentriert arbeitet es sich besser, in einer guten Gruppenatmosphäre wird offener und intensiver gearbeitet.

Natürlich „schaffen" Sie mehr an Stoff in kürzerer Zeit, wenn Sie einen Vortrag halten – nur bleibt dann die Frage, wie viel die Teilnehmer davon verstanden und behalten haben und was sie davon überhaupt anwenden können. Das ist jedoch gerade das Ziel!

Sie können eine kleine Einstiegsübung machen, die nur den Sinn hat, ein Signal zu setzen: „Wir fangen gemeinsam an", und gleichzeitig vielleicht schon auf das nächste Thema einstimmen. Sie können sich aber auch die Zeit nehmen, wie ich es in jedem meiner Seminare mache, die Teilnehmer einzuladen, etwas zu machen, was scheinbar nichts mit dem Seminar zu tun hat. Ich biete beispielsweise morgens leichte Yoga-Übungen oder andere Bewegungsübungen an, bei schönem Wetter draußen.

Bewegung und Sauerstoff bereiten gut für das Lernen und Arbeiten vor, die Teilnehmer sind anschließend wach und aufnahmefähig – und meist auch gut gelaunt.

Eine „stille Stunde" zu Beginn der Bürozeit steigert die Arbeitseffektivität deutlich mehr als sofort hektisches Telefonieren und gleichzeitiges Starten von drei Projekten.

Daher meine Empfehlung und Einladung: Beginnen Sie bewusst den Seminartag mit einem kleinen Einstieg. Dazu finden Sie in diesem Kapitel einige Anregungen.

Methoden

1. Bilder

Ziel	Stimmungsblitzlicht oder Einstieg in ein Thema
Zeitbedarf	10 Minuten
Teilnehmerzahl	beliebig
Sozialform	Plenum, im Stuhlkreis sitzend
Material	Flipchart, Bilder

Bilder sind ein schöner Einstieg in einen Seminartag und Sie können sie zu unterschiedlichen Aspekten und Bereichen einsetzen. Sie können damit beispielsweise die Befindlichkeit der Teilnehmer thematisieren oder ihre Einstellung oder Vorkenntnisse zum aktuellen Thema.

Zur Methode

Legen Sie auf dem Boden zahlreiche Bilder (Fotos) mit ganz unterschiedlichen Motiven aus. Die Teilnehmer wählen je nach Auftrag ein Bild aus und beschreiben, warum es sie anspricht.

Durchführung

Stimmungsbild

Jeder Teilnehmer nimmt sich ein Bild und erläutert anschließend, wie es ihm geht, wie er den Seminartag beginnt.

Bevor die Teilnehmer ein Bild auswählen, geben Sie eine bestimmte Fragestellung vor, beispielsweise: „Was bedeutet Motivation (Thema XY) für mich?" Danach wählen die Teilnehmer dann das Bild aus.

Sie können es auch noch spezifischer formulieren: „Wählen Sie ein Bild aus, das für Sie positive Aspekte von Motivation (oder was gerade das Seminarthema ist) ausdrückt."

Anschließend erfragen Sie reihum die Einschätzung der Teilnehmer. Diese können Sie in Stichworten auf einem Flipchart sammeln.

Lerntyp V – Bilder sehen und auswählen
A – sich mitteilen
K – Emotionen

2. Blitzlicht

Ziel	Stimmungsblitzlicht
Zeitbedarf	10 Minuten
Teilnehmerzahl	beliebig
Sozialform	Plenum, im Stuhlkreis sitzend
Material	Flipchart, Ball

Zur Methode Zu Beginn des Tages ist es gut, wenn jeder Teilnehmer einmal seine Stimme erhebt. Die Teilnehmer steigen bewusst in den Tag ein und nehmen deutlich wahr, wie es ihnen geht. Sie als Trainer bekommen so auch einen Überblick über den Zustand der Gruppe und können entsprechend reagieren.

Reihum sagt jeder Teilnehmer kurz, wie es ihm geht. Sinnvoll ist es, wenn Sie eine konkrete Formulierung oder Fragen vorgeben und auch eine zeitliche Begrenzung. Durchführung

Ich beginne meine Seminare immer mit kurzen Yoga-Übungen oder anderen Körperübungen und führe anschließend ein solches Blitzlicht durch.

Dazu gebe ich einen Ball herum (der leuchtet, wenn man fest drückt oder ihn wirft) und jeder Teilnehmer soll einen Satz zu jeder Frage sagen – mehr nicht!

Auf einem Flipchart stehen die Fragen:

1. Wie geht es mir?
2. Wie war das Yoga für mich?
3. Was erwarte ich heute vom Seminar?

Statt der Reihe nach können die Teilnehmer nach dem Popcorn-Prinzip antworten. Derjenige, der als Nächster sprechen möchte, fordert den Ball an. So geht es hin und her. Variante

Ich persönlich mag die Reihe lieber, weil es einfach schneller geht, wenn die Teilnehmer nicht ewig überlegen, ob sie jetzt etwas sagen oder erst später. Für manche bedeutet es auch weniger Stress, einfach zu reden, wenn sie dran sind.

V – Flipchart lesen
A – sich mitteilen
K – Ball in der Hand

Lerntyp

3. Fragereste

Ziel	Anknüpfen an den Vortag, Wiederholung
Zeitbedarf	15 Minuten
Teilnehmerzahl	beliebig
Sozialform	Plenum, im Stuhlkreis sitzend
Material	Moderationskarten, Stifte

Zur Methode Zum Beginn des zweiten Seminartages wird gesammelt, wozu die Teilnehmer noch Fragen haben und was vom ersten Tag vielleicht noch offen ist.

Durchführung Die Teilnehmer notieren auf einer Moderationskarte ein Thema, zu dem sie Fragen haben oder bei dem noch etwas offengeblieben ist. Es können Fachfragen sein, aber auch Fragen zu Erfahrungen der anderen Teilnehmer oder des Trainers.

Dann werden die Karten verdeckt in die Mitte auf den Boden gelegt. Reihum zieht nun jeder eine Karte und schaut zuerst, ob er sie selbst beantworten kann. Wenn nicht, kann er einen anderen Teilnehmer suchen, der ihm dabei hilft, oder auch den Trainer fragen.

Nach einer Weile kommen alle wieder im Stuhlkreis zusammen und beantworten reihum die Fragen, die sie gezogen haben. Der Fragesteller sagt dann am Ende, ob ihm die Antwort reicht oder ob noch etwas fehlt.

Variante Jeder schreibt eine Frage zum bisher behandelten Stoff auf eine grüne Karte und seinen Namen auf eine blaue Karte. Alle Karten werden verdeckt in die Mitte auf den Boden gelegt. Jeder Teilnehmer zieht nun eine blaue und eine grüne Karte. Erwischt jemand seine eigene, dann legt er diese wieder zurück.

Ein Teilnehmer beginnt und stellt die Frage, die auf seiner grünen Karte steht, an denjenigen, dessen Namen er gezogen hat. Der beantwortet sie, soweit er kann. Wenn er die Antwort nicht weiß, können andere oder der Trainer ergänzen.

Hinweis

Sie können das Ganze locker gestalten, damit es keine stressige Abfragesituation wird. Der Befragte darf sich zum Beispiel Unterstützung suchen, in den Unterlagen nachsehen oder auch sagen, dass er die Frage weitergibt oder tauscht. Dazu können zusätzliche Karten gezogen werden, auf denen ein entsprechendes Symbol ist (Hand = Frage weitergeben, ? = dazu jemand anderen befragen, x = Antwort verweigern). Diesen Joker kann der Befragte einsetzen oder, wenn er ihn nicht braucht, jemand anderem schenken.

Lerntyp

V – Karten mit Fragen lesen
A – Antworten geben

4. Gegenstände 2

Ziel	Einstimmung auf das Thema des Tages
Zeitbedarf	15 Minuten
Teilnehmerzahl	beliebig
Sozialform	Plenum, im Stuhlkreis sitzend
Material	Gegenstände und Requisiten

Zur Methode

Über Requisiten und Gegenstände werden zum Tageseinstieg Assoziationen zum Thema entwickelt. Die Methode kann auch als Blitzlicht über die Befindlichkeit der Teilnehmer eingesetzt werden.

Durchführung In der Mitte liegen alle möglichen Gegenstände (Blumen, Tücher oder anderes).

Sie bitten die Teilnehmer, sich einen Gegenstand auszuwählen, der für sie etwas mit dem folgenden Seminarthema zu tun.

Nachdem jeder einen Gegenstand genommen hat, sagt er reihum kurz, welche Assoziation er damit verbindet.

Varianten ### Variante 1 – Verbindung zum Vortag

Sie können die Methode auch einsetzen, um eine Verbindung zum Thema des Vortages herzustellen. Dann ist die Aufgabe, einen Gegenstand zu wählen, der damit zu tun hat.

Variante 2 – Blitzlicht

Die Teilnehmer sollen einen Gegenstand auswählen, der etwas mit ihrer momentanen Verfassung und Befindlichkeit zu tun hat. Die Frage lautet: „Warum habe ich diesen Gegenstand gewählt, wie geht es mir?" Das erfordert gleichzeitig ein wenig Kreativität.

Beispiele

- „Ich habe das Kamelgebiss gewählt, weil ich noch am Thema XY rumkaue (oder an einem Anruf oder …).“
- „Ich habe das Springseil gewählt, weil ich total munter bin und gleich loslegen will.“
- „Ich habe den Waschlappen gewählt, weil ich noch nicht ganz wach bin und etwas Erfrischendes brauche.“

Es darf also ruhig witzig sein.

V – Gegenstände sehen
A – etwas mitteilen
K – Gegenstände anfassen, kreative Assoziationen basteln

Lerntyp

5. Guten Morgen, Rita

Ziel	Tageseinstieg, Namen wiederholen
Zeitbedarf	10 Minuten
Teilnehmerzahl	ab 8
Sozialform	Plenum, im Kreis stehend und sich bewegend
Material	CD-Player, CD

Dieser witzige, lebhafte Einstieg in den Tag macht alle munter und gleichzeitig werden die Namen wiederholt.

Zur Methode

Die Teilnehmer stehen sich paarweise gegenüber. Sie klatschen zweimal mit den Händen auf die eigenen Oberschenkel und zweimal auf die Handflächen des gegenüberstehenden Teilnehmers und sagen im Rhythmus: „Guten Morgen, Rita, guten Morgen, Rita" (natürlich den Namen des entsprechenden Ge-

Durchführung

genübers). Dann haken sich die Partner unter und gehen acht Schritte im Kreis, danach wechseln alle zu einem neuem Partner. Nach einigen Runden wird das Ganze mit Musik untermalt.

Lerntyp   **A** – rhythmisch klatschen, sprechen, Musik
            K – sich bewegen, tanzen

6. Indianer-Runde

Ziel	Befindlichkeit der Teilnehmer in Bezug auf eigene Verfassung, Gruppe und Thema klären
Zeitbedarf	15 Minuten
Teilnehmerzahl	beliebig
Sozialform	Plenum, im Stuhlkreis sitzend
Material	Redestab oder Redestein, Flipchart

Zur Methode   Bei diesem netten Tageseinstiegsritual lernen die Teilnehmer zu respektieren, was andere sagen, selbst wenn sie nicht damit einverstanden sind.

Durchführung   Die Teilnehmer sitzen im Stuhlkreis. Auf einem Flipchart ist ein Dreieck aufgemalt, darüber steht: „Wie geht es mir mit ...?" In den jeweiligen Ecken steht: „... mir", „... dem Inhalt", „... der Gruppe".

Sie erzählen zu Beginn eine Geschichte von Indianern, die eine andere Kultur des Zuhörens pflegen. Jeder, der spricht, bekommt einen Redestab und die anderen unterbrechen ihn nicht.

Jeder Teilnehmer, der dran ist, geht auf die drei Punkte ein, die auf dem Flipchart stehen.

Wenn er fertig ist und das durch ein „Hugh, ich habe gesprochen" anzeigt, murmeln alle „mmmhmmhmmhmmmh". (Das ist sehr schön zu sehen in dem Film „Der mit dem Wolf tanzt".) Das bedeutet nicht, dass alle dem zustimmen, sondern: „Ich habe dich gehört und ich respektiere deine Meinung. "

A – sich mitteilen
K – Indianer-Geschichte nachvollziehen, Redestab halten

Lerntyp

7. Landschaften–Blitzlicht

Ziel	Blitzlicht über die Befindlichkeit der Teilnehmer
Zeitbedarf	7 Minuten
Teilnehmerzahl	beliebig
Sozialform	Plenum, im Stuhlkreis sitzend
Material	evtl. Bilder von Landschaften

Die Übung ist eine Variation des klassischen Blitzlichts, mit der Sie in den Tag einsteigen können. Trainer wie Teilnehmer erhalten einen Überblick über die Stimmung in der Gruppe.

Zur Methode

Sie bitten die Teilnehmer um eine schnelle Runde, in der jeder sagt, wie es ihm in diesem Augenblick geht, und dazu die Metapher einer Landschaft nutzt (stürmischer Herbstwald, ruhiger See, zackiges Gebirge, weite Wüste). Jeder sagt nur einen Satz oder sogar nur ein Wort.

Durchführung

Sie können das so stehen lassen und haben damit einen groben Eindruck, Sie können auch darum bitten, dass jeder eine Erklärung anfügt.

Beispiele

■ „Ich bin eine Berglandschaft, weil es bei mir gefühlsmäßig gerade rauf und runter geht."
■ „Ich bin eine blühende Wiese, weil ich in diesem Seminar meine Kreativität entdeckt habe und sich gerade so viele neue Ideen entwickeln."

. . . .

Variante Sie können als Anregung auch Kalenderblätter mit Landschaften in die Mitte legen und jeder sucht sich eine Landschaft aus, die seiner momentanen Stimmung oder Verfassung entspricht.

Lerntyp V – innere Bilder sehen
A – sich mitteilen, sprechen
K – Metapher

8. Pressekonferenz

Ziel	Anknüpfen an den Vortag (Themen, Inhalte)
Zeitbedarf	15 Minuten
Teilnehmerzahl	beliebig
Sozialform	Plenum, im Stuhlkreis sitzend
Material	Plakat mit Schlagzeile

Zur Methode Mit Schlagzeilen wird an die Seminarinhalte des Vortages angeknüpft.

Durchführung Sie hängen ein Plakat mit einer witzigen, etwas schrägen Schlagzeile als Stimulus auf: „Einfacher Bauer erfand Turbo-Mähmaschine"; „Udo eröffnet neuen Friseursalon".

Die Teilnehmer bekommen die Aufgabe, die Seminarinhalte des Vortages in eine plakative und pointierte Schlagzeile zu packen. Diese stellen sie anschließend im Plenum vor. Sollte es dazu Fragen und Unklarheiten geben, kann darüber gesprochen werden. Somit werden auch Inhalte wiederholt.

V – Schlagzeilen schreiben   Lerntyp
A – sprechen
K – spielerisches Herangehen

9. Schnurgeschichten

Ziel	Anknüpfen an den Vortag (Themen, Erfahrungen)
Zeitbedarf	15 Minuten
Teilnehmerzahl	beliebig
Sozialform	Plenum, im Stuhlkreis sitzend
Material	Schnüre, kleine Gegenstände (Perlen, Muscheln, Steine, Knöpfe usw.), Scheren

Jeder Teilnehmer bastelt sich einen eigenen „Anker" für Gelerntes und Erfahrenes.   Zur Methode

Sie bitten die Teilnehmer, sich an den vorigen Tag oder ein konkretes Thema oder eine bestimmte Übung des Vortages zu erinnern. Dann sollen sie sich eine Schnur nehmen und daran Gegenstände hängen, die für sie eine Verbindung zum Gelernten und Erfahrenen haben. Diesen Anker können sie als Erinnerung und vielleicht auch zur Unterstützung für bestimmte Vorhaben mit nach Hause nehmen.   Durchführung

Jeder stellt seine Schnur vor und erzählt dazu, was die Symbole bedeuten und was er machen möchte.   Mögliche Weiterarbeit

Lerntyp	V – Gegenstände sehen
	A – nur bei der Weiterarbeit: sprechen
	K – Gegenstände anfassen, etwas basteln

10. Sprichwörter

Ziel	Blitzlicht
Zeitbedarf	15 Minuten
Teilnehmerzahl	beliebig
Sozialform	Plenum, im Stuhlkreis sitzend
Material	Arbeitsblätter mit Sprichwörtern

Zur Methode   Ein Blitzlicht zur Befindlichkeit der Teilnehmer wird anhand von Sprichwörtern durchgeführt.

Durchführung   Jeder Teilnehmer erhält ein vorbereitetes Blatt mit Sprichwörtern. Die Teilnehmer lesen sich die Sprichwörter durch und wählen eins aus, das am besten zu ihrer momentanen Stimmung passt. Dieses Sprichwort schreibt jeder auf eine Moderationskarte. Die Karten werden an eine Pinnwand gehängt und ergeben so ein Stimmungsbild.

Beispiele

- Aller Anfang ist schwer.
- Aller guten Dinge sind drei.
- Alles hat seine Zeit.
- Alle Wege führen nach Rom.
- Alter schützt vor Torheit nicht.
- Aufgeschoben ist nicht aufgehoben.
- Besser spät als nie.
- Dem Glücklichen schlägt keine Stunde.
- Der erste Schritt ist der schwerste.

- Der Schein trügt.
- Die Ausnahme bestätigt die Regel.
- Eile mit Weile.
- Es ist noch kein Meister vom Himmel gefallen.
- Frisch gewagt ist halb gewonnen.
- In der Kürze liegt die Würze.
- Jeder ist seines Glückes Schmied.
- Jeder Topf findet seinen Deckel.
- Lachen ist gesund.
- Langsam, langsam, aber sicher.
- Man muss das Eisen schmieden, solange es heiß ist.
- Morgenstund' hat Gold im Mund.
- Nach dem Essen sollst du ruhen oder tausend Schritte tun.
- Ohne Fleiß kein Preis.
- Reden ist Silber, Schweigen ist Gold.
- Spare in der Zeit, so hast du in der Not.
- Steter Tropfen höhlt den Stein.
- Stille Wasser sind tief.
- Übung macht den Meister.
- Viele Köche verderben den Brei.
- Was du heute kannst besorgen, das verschiebe nicht auf morgen.
- Was Hänschen nicht lernt, lernt Hans nimmermehr.
- Was man nicht im Kopf hat, muss man in den Beinen haben.
- Was sich liebt, das neckt sich.
- Wer anderen eine Grube gräbt, fällt selbst hinein.
- Wer die Wahl hat, hat die Qual.
- Wie man in den Wald hineinruft, so schallt es heraus.

Viele Sprichwörter sind ja fragwürdig oder negativ. Man könnte   Variante
die Übung auch so erweitern, dass sich jeder die Sprichwörter so
verändern darf, dass sie zu ihm passen und vielleicht sogar das
genaue Gegenteil damit ausgesagt wird.

Beispiel

„Was Hänschen nicht lernt, kann Hans noch immer lernen!"
Sei es als Ermutigung, sei es aus Erfahrung.

Mögliche Weiterarbeit	Sie können Fragen zulassen oder Erläuterungen, die Karten können aber auch einfach so hängen bleiben.
Lerntyp	V – Sprichwörter lesen und schreiben A – nur bei der Variante: fragen und erläutern K – aufstehen, an die Pinnwand gehen, Sprichwörter zuordnen

11. Wenn ich ... wäre

Ziel	Blitzlicht anhand einer Metapher
Zeitbedarf	10 Minuten
Teilnehmerzahl	beliebig
Sozialform	Plenum, im Stuhlkreis sitzend
Material	

Zur Methode	Dies ist eine weitere Variante zum klassischen Blitzlicht, bei der die Teilnehmer ein wenig Kreativität einsetzen müssen und die Abwechslung bringt.
Durchführung	Sie geben ein Stichwort vor, das dazu dient, die Teilnehmer zu einem ungewöhnlichen Blitzlicht anzuregen (siehe auch das Landschaften-Blitzlicht, III. 7).

Beispiele

- „Wenn Sie ein Schuh wären, welcher Schuh wären Sie dann?"
- „Wenn Sie ein Auto wären, welches Auto wären Sie dann?"
- „Wenn Sie ein Kleidungsstück wären, welches wären Sie dann?"
- „Wenn Sie ein Tier wären, welches Tier wären Sie dann?"
- „Wenn Sie eine Seminarmethode wären, welche wären Sie dann?"

Das Stichwort ist beliebig. Sie können auch eins auswählen, das einen Bezug zum Seminarthema hat.

Sie können die Aussagen so stehen lassen oder auch Erläuterungen und Nachfragen zulassen.   Hinweis

V – inneres Bild sehen   Lerntyp
A – miteinander sprechen
K – spielerisch vorgehen, Metapher

12. Wetter-Blitzlicht

Ziel	Blitzlicht über die Befindlichkeit der Teilnehmer
Zeitbedarf	7 Minuten
Teilnehmerzahl	beliebig
Sozialform	Plenum, im Stuhlkreis sitzend
Material	Plakat mit Wettersymbolen

Die Teilnehmer teilen ihre momentane Verfassung in Form   Zur Methode
eines Wetterberichts mit.

Beginnen Sie mit einem Satz wie: „Heute wollen wir uns das Wetter in der Gruppe anschauen und das Blitzlicht am Morgen in Form eines Wetterberichts durchführen." Reihum gibt jeder Teilnehmer nun seine Wettermeldung.

Beispiele

■ Morgendlicher Nebel, langsam aufklarend
■ Stürmische Böen
■ Bewölkt mit bald erscheinender Sonne

Hinweis Sie können als Anregung ein Plakat mit Wettersymbolen aufhängen.

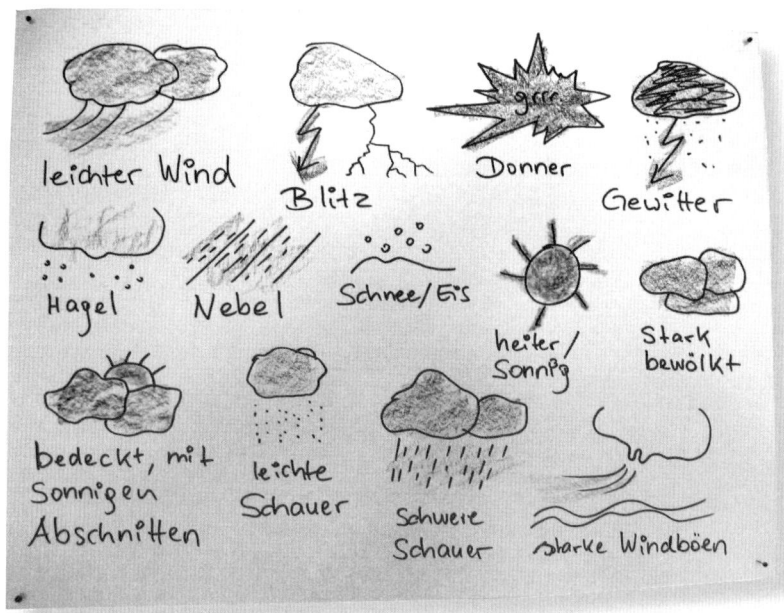

Lerntyp V – Poster anschauen
A – Stimmung äußern
K – Vergleich mit Wetter

IV

Tagesabschluss und Auswertung

Ein Abschlussritual rundet den Tag ab

Einen Tag bewusst abzuschließen ist meiner Meinung nach ebenfalls kein Luxus, sondern setzt unbewusste Signale: Das war eine runde Sache. Es hilft den Teilnehmern, das, was am Tag passiert ist, zu integrieren und zu verarbeiten.

Das sind Dinge, die die meisten Menschen auch in ihre Alltagsarbeit eingebunden haben. Fast jeder hat bestimmte Rituale, wie er seinen Arbeitstag beginnt und beendet. Nur sind die einen Rituale förderlicher, andere weniger.

Der letzte Eindruck bleibt über Nacht – und der sollte nicht hektisch und lieblos sein, sondern beispielsweise eine kleine Rückschau über den Tag enthalten oder ein nettes Abschlussritual.

Dazu finden Sie hier einige Anregungen.

Methoden

1. Bewegtes Feedback

Ziel	Auswertung am Tages- oder Seminarende
Zeitbedarf	10 – 15 Minuten
Teilnehmerzahl	beliebig
Sozialform	Plenum, im Kreis stehend
Material	

Zur Methode Dies ist eine kinästhetische Auswertungsmethode mit dem ganzen Körper.

Sie bitten die Teilnehmer, sich eine Bewegung oder Körperhaltung auszudenken, die für sie die Essenz des Tages ausdrückt: „Wie war der Seminartag für Sie?"

Anschließend stehen alle auf und stellen sich in einen Kreis. Der erste Teilnehmer beginnt, macht seine Bewegung oder nimmt eine bestimmte Körperhaltung ein und alle machen diese nach. Danach raten die Teilnehmer, was diese Geste oder Haltung wohl bedeuten soll. Nach etwa drei Rateversuchen erklärt der Betreffende, was er tatsächlich damit ausdrücken wollte. Dann fährt der Nächste fort.

Diese Methode können Sie auch als Gesamtauswertung am Ende eines Seminars, eines Vortrags oder Workshops einsetzen.

V – Geste oder Haltung sehen
A – raten und erläutern
K – aufstehen, sich bewegen, raten

2. Früchte des Tages

Ziel	Tagesauswertung
Zeitbedarf	15 Minuten
Teilnehmerzahl	beliebig
Sozialform	Plenum
Material	gezeichneter Baum auf Flipchart oder Pinnwand, Baum-Blätter zum Beschriften

Mit dieser Übung wird anschaulich visualisiert, was die Teilnehmer aus einem Seminartag mitnehmen.

Vorbereitung	Sie malen einen Baum auf einen Packpapierbogen, der an einer Pinnwand befestigt ist.

Durchführung

Die Teilnehmer hängen Blätter an den Baum, auf denen sie notieren, was ihre Früchte des Tages sind. Als Blätter können Sie Post-its nehmen (gibt es auch in Blätterform zu kaufen, wenn Sie nicht basteln wollen) oder kleine runde Moderationsscheiben.

Variante Sie können die Auswertung noch differenzierter vornehmen lassen: Auf rote Blätter schreiben die Teilnehmer die „reifen Früchte" (das nehme ich als Erkenntnis mit), grüne Kreise stellen die „zarten Knospen" dar (davon mehr, das war gut und ist noch entwicklungsfähig, weitere Wünsche, Offengebliebenes) und gelbe das „Fallobst" (das ist nicht gelungen, sollte nicht wieder passieren, hat mir nicht gefallen).

Die reifen Früchte werden nach oben gehängt, die zarten Knospen etwas weiter unten und das Fallobst kommt auf den Boden. Der Trainer liest noch einmal alle Karten vor und fragt bei Unklarheiten nach.

Lerntyp V – Baum, Blätter beschriften
A – eventuell etwas erläutern
K – aufstehen, Blätter basteln, schönes Bild erstellen

3. Ideen-Notizbuch

Ziel	Festhalten von wichtigen Fakten und Ideen
Zeitbedarf	10 – 15 Minuten
Teilnehmerzahl	beliebig
Sozialform	Einzelarbeit
Material	Seminartagebuch, farbige Stifte

Mit dieser Methode kann jeder Teilnehmer die wichtigsten Ergebnisse des Tages für sich notieren.

Zur Methode

Zu Beginn des Seminars schlagen Sie den Teilnehmern vor, ein Ideen-Notizbuch zu führen. Dann ist es natürlich wichtig, dass Sie mindestens am Ende des Tages bewusst Zeit dafür einräumen, damit sich die Teilnehmer Notizen machen können. Je nach Seminarthema kann es auch sinnvoll sein, zwischendurch eine Schreibpause einzulegen.

Durchführung

Die Teilnehmer können auch Zeichnungen und Skizzen integrieren, Fotos oder anderes einkleben. Schön ist es auch, mit verschiedenfarbigen Faserstiften und dünnen Filzschriften hineinzuschreiben.

Sie können es ganz offenlassen, wozu die Teilnehmer sich Notizen machen, und nur die Anregung geben, oder Sie schreiben einige Fragen auf ein Flipchart.

- Was war für mich heute wichtig?
- Was war neu?
- Womit möchte ich mich noch weiter beschäftigen?
- Wozu möchte ich noch mehr erfahren?
- Wie mache ich das (im Seminar thematisieren, zu Hause lesen, im Internet recherchieren, bei Kollegen nachfragen)?
- Was setze ich davon um? Wann? Wie?
- Was hat mich gestört?
- Was hat mir gut gefallen?
- Was hat mir besonders Spaß gemacht?
- Mit wem will ich mich mal ausführlicher unterhalten?

usw.

Mögliche Weiterarbeit Je nach Zeit und Interesse können sich die Teilnehmer anschließend noch zu zweit austauschen und sich das Wichtigste aus ihren Notizen erzählen oder zeigen.

Hinweis Damit das Seminartagebuch eine besondere Form hat, können Sie entweder in einem Vorabschreiben die Teilnehmer bitten, ein schönes Heft mitzubringen, oder Sie verteilen zu Beginn des Seminars Hefte für jeden Teilnehmer.

Ich habe einmal in einem Seminar (mehr aus Spaß) ganz billige Aldi-Schulhefte für das erste bis dritte Schuljahr verteilt (diese haben noch Hilfslinien). Die Teilnehmer haben sich richtig gefreut und sie intensiv für ihre Notizen genutzt.

Lerntyp V – schreiben, eventuell zeichnen
K – kreativ gestalten

4. Smiley-Barometer

Ziel	Auswertung des Tages
Zeitbedarf	5 Minuten
Teilnehmerzahl	beliebig
Sozialform	Einzelarbeit
Material	Seminartagebuch, farbige Stifte

Sie erhalten ein schnelles Feedback, um die Stimmung in der Gruppe zu erkennen.

Zur Methode

Jeder Teilnehmer hat eine kleine runde Moderationskarte und malt nun einen passenden Smiley darauf, um seine momentane Stimmung auszudrücken oder die des ganzen Tages. Die Smileys werden dann an eine Pinnwand gehängt oder auf den Boden gelegt und so können alle noch einmal sehen, was Sache ist.

Durchführung

Es gibt auch Post-its mit Smileys zu kaufen.

Hinweis

V – Stimmung visualisieren
K – Symbol zeichnen, aufstehen

Lerntyp

5. Spaghetti oder Ball

Ziel	Abschlussrunde am Ende eines Seminartages
Zeitbedarf	5 – 10 Minuten
Teilnehmerzahl	ab 7
Sozialform	Plenum, im Kreis stehend
Material	Ball, Wurfmatz oder Frisbeescheibe

Zur Methode	Die Übung ist eine kurze Abschlussrunde, bei der noch einmal alle aufstehen.
Durchführung	Alle stehen im Kreis. Sie haben ein Frisbee in der Hand und stellen eine Frage:

- „Was nehmen Sie vom heutigen Tag mit?"
- „Was war heute für Sie besonders schön/interessant/neu?"
- „Was wollen Sie davon als Erstes umsetzen?"

Sie werfen das Frisbee einem Teilnehmer zu, der kurz darauf antwortet und dann das Frisbee weiterwirft. So kommt in kurzer Zeit noch einmal ein bewegter Überblick zustande.

Lerntyp	A – Satz sagen
	K – Frisbee werfen

6. Streichholz oder Wollknäuel

Ziel	Tagesauswertung
Zeitbedarf	10 Minuten
Teilnehmerzahl	beliebig
Sozialform	Plenum, im Stuhlkreis sitzend
Material	präpariertes Wollknäuel oder Streichholzdöschen

Zur Methode	Die Methode bietet eine kurze Tagesauswertung mit Redezeitbegrenzung.
Durchführung	Jeder Teilnehmer zündet zu Beginn seiner Rückmeldung ein Streichholz an und kann so lange sprechen, bis es heruntergebrannt ist. Dann muss er sofort den Satz abbrechen und der Nächste ist dran. So ist jeder gezwungen, sich auf das Wesentliche zu konzentrieren, und es bringt noch einmal ein wenig Spannung am Tagesende.

Sie geben ein Wollknäuel herum, das aus vielen unterschiedlich langen Wollfäden zusammengerollt ist. Jeder Teilnehmer muss während seines Feedbacks den Faden abwickeln und sofort aufhören, wenn der Faden zu Ende ist. Dann gibt er das Wollknäuel an den Nächsten weiter.

A – Rückmeldung geben
K – Streichholz halten oder Knäuel abwickeln,
   Überraschungseffekt

7. Symbol

Ziel	Tagesauswertung
Zeitbedarf	10 Minuten
Teilnehmerzahl	beliebig
Sozialform	Plenum
Material	diverse Gegenstände

Die Tagesauswertung erfolgt mithilfe eines Gegenstandes.

Sie verteilen zahlreiche unterschiedliche Gegenstände im Raum.

Die Teilnehmer bekommen die Aufgabe, einmal durch den Raum zu gehen und sich einen Gegenstand auszusuchen, der ihre momentane Gemütsverfassung widerspiegelt oder ihre Auswertung des Seminartages. Wenn jeder einen Gegenstand gefunden hat, kommen alle in den Stuhlkreis zurück. Nun sagt jeder reihum, warum er diesen Gegenstand gewählt hat und was er über den Tag und die momentane Verfassung aussagt. Sie können als Trainer beginnen und beispielsweise einen Ball oder eine Kugel nehmen: „Ich habe den Ball gewählt, weil das, was wir in unserer gemeinsamen Arbeit geschafft haben, für mich eine runde Sache war und ich damit zufrieden bin."

- „Der Tag war für mich wie ein buntes Kaleidoskop, aber einige Einzelteile müssen sich noch zusammenfügen."
- „Ich fühle mich wie eine gut gefüllte Kaffeetasse, sehr anregend."

Lerntyp   V – Gegenstände sehen
A – etwas erläutern
K – Gegenstand auswählen als Symbol

8. Zielscheibe

Ziel	Auswertung des Seminartages
Zeitbedarf	15 Minuten
Teilnehmerzahl	beliebig
Sozialform	Plenum
Material	eine Dartscheibe oder eine aufgemalte Zielscheibe, Klebepunkte

Zur Methode   Am Ende des Tages können die Teilnehmer auswerten, wie die „Treffsicherheit" zwischen Seminarinhalten und ihren Erwartungen war.

Durchführung   Auf einen Flipchartbogen wird eine Zielscheibe gemalt. Jeder Teilnehmer erhält einen Klebepunkt, der auf der Scheibe platziert werden soll. Je weiter der Punkt in der Mitte der Scheibe angebracht wird, desto mehr deckt sich der Inhalt des Tages mit den Erwartungen der Teilnehmer.

Sie können die Auswertung noch differenzierter mit Farben durchführen. Jede Farbe hat dabei eine bestimmte Bedeutung:

Varianten

. . . .

Beispiele

Blau – für Themenauswahl
Grün – für Methoden
Gelb – genug Zeit zum Üben
Rot   – gute Praxisorientierung (Anwendbarkeit)

. . . .

Sie können auch gruppendynamische oder andere Aspekte thematisieren:
■ Stimmung in der Gruppe
■ interessanter Austausch
■ Wechsel von Aktivität und Passivität

V – mit Punkten visualisieren
A – eventuell etwas erläutern
K – Symbol der Dartscheibe, Punkte kleben

Lerntyp

9. Zwei Seiten

Ziel	Feedback und Verbesserungsvorschläge
Zeitbedarf	15 Minuten
Teilnehmerzahl	beliebig
Sozialform	Plenum
Material	Flipchart mit zwei Spalten

Hier haben die Teilnehmer Gelegenheit, eine Rückmeldung zu geben, die positives Feedback und Kritik in Form von Verbesserungsvorschlägen enthält.

Zur Methode

Der Trainer bekommt so einen guten Überblick über die Gesamtstimmung in der Gruppe und die Teilnehmer können sehr konkret sehen, dass die Resonanz manchmal sehr widersprüchlich ist. Was den einen gut gefallen hat, war für andere vielleicht gerade nicht so interessant.

Vorbereitung Sie bereiten ein Flipchart vor, das in zwei Spalten unterteilt ist. Die linke Spalte überschreiben Sie mit: „Anregungen zur Verbesserung ..." und die rechte Spalte mit: „Mit hat gut gefallen ..."

Durchführung Jeder Teilnehmer notiert auf einer gelben Karte, was ihm gefallen hat, und auf einer grünen Karte, welche Verbesserungsvorschläge er hat. Anschließend sammeln Sie die Karten ein und kleben sie in die entsprechenden Spalten.

Mögliche Weiterarbeit Sie können die Teilnehmer auch auffordern, ihre Karten noch zu erläutern. Oft reichen die Karten aber als Übersicht völlig und es ist nicht unbedingt nötig, noch weiter darüber zu diskutieren.

Hinweis Ein Gespräch ist allerdings dann erforderlich, wenn dort Informationen stehen, die Sie völlig überraschen, weil Sie es anders erlebt haben, oder wenn massive Unzufriedenheit deutlich wird. Dann sollte man natürlich klären, was los ist, und Lösungen suchen.

Nach meiner Erfahrung sprechen die Karten meist für sich. Es ist auch für die Teilnehmer eine lehrreiche Erfahrung, wenn sie sehen, dass beispielsweise die gleiche Methode mal auf der linken, mal auf der rechten Seite steht. Dass einigen die Mind-Map-Methode am allerbesten gefallen hat und ein anderer schreibt: Damit konnte ich nichts anfangen. Denn das ist die Realität: Nicht alles ist für alle brauchbar.

Lerntyp V – Stichworte auf Karten schreiben, Flipchart
A – eventuell etwas erläutern

V

Themen-hinführung und Einführung

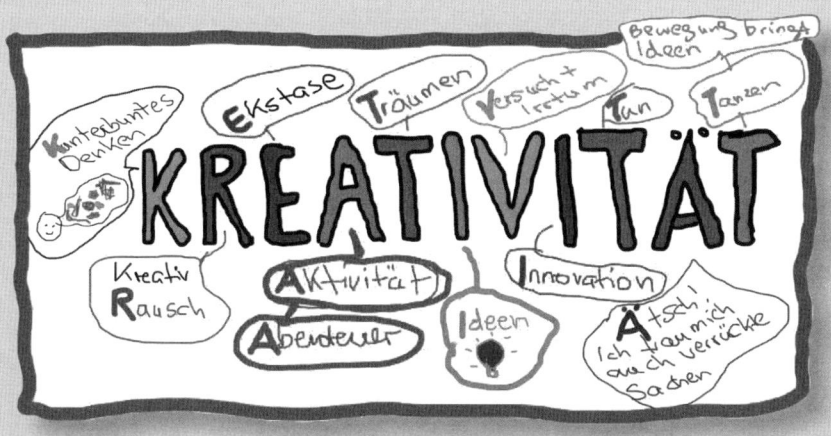

Methoden lassen sich schlecht im luftleeren Raum vermitteln, sie dienen ja immer dem Transport von konkreten Inhalten und Themen. Manche Methoden habe ich daher mit thematischen Beispielen beschrieben, die nicht unbedingt mit Ihren Trainingsthemen übereinstimmen. Dennoch ist es für viele Trainer (vor allem für die Kinästheten unter uns) leichter verständlich, wenn sie ein Beispiel lesen.

Beispiele
übertragen Sie müssen in diesen Fällen dann bitte vom Thema abstrahieren und für sich selbst die Transferleistung erbringen und überlegen: „Wie kann ich diese Vorgehensweise auf mein Thema übertragen? Was muss ich ändern? Was kann ich eins zu eins übernehmen, nur eben mit anderen Inhalten?"

So habe ich ein Beispiel zum Thema „Prüfungsangst". Schauen Sie sich dies bitte an, auch wenn Sie mit diesem Thema absolut nichts zu tun haben. Aber dazu haben wir einige besonders kreative Methoden entwickelt, wahrscheinlich, weil es so ein „unangenehmes" Thema ist. Diese können Sie zu ähnlichen Methoden anregen, das ist zumindest die Absicht.

In diesem Kapitel finden Sie Methoden zur Hinführung und Einführung in ein Thema. Was ist damit gemeint?

Zur Hinführung

Die Teilnehmer
aufwärmen Die Grenzen zwischen Hinführung und Einführung sind manchmal fließend. Unter Hinführung verstehe ich alle Methoden und Übungen, die eine Art geistiges Anwärmen für das folgende Thema bedeuten. Dafür kann es mehrere Zielsetzungen geben.

Als Trainer können Sie hier erfahren, was die Teilnehmer schon zum Thema wissen oder was sie daran interessiert, welche Fragen und Assoziationen sie dazu haben.

Es kann auch eine Einstimmung der Teilnehmer auf das Thema bedeuten in dem Sinne, dass Sie die Teilnehmer emotional dafür aufschließen, Interesse und Neugier erzeugen.

Ebenfalls gehört ein Überblick über das Thema hierher, damit die Teilnehmer wissen, was sie erwartet, und auch, welchen Stellenwert das Thema im Gesamtseminar hat, warum sie sich damit beschäftigen sollen.

Bei angstbesetzten Themen kann diese Hinführung auch dabei helfen, den Teilnehmern die Scheu zu nehmen, indem Sie in das Gebiet auf humorvolle Weise einführen oder verdeutlichen, dass es gar nicht so schwer oder trocken ist.

Zur Einführung

Bei einer Einführung liefern Sie einen Überblick und erste Informationen zum Thema. Sie geben Input, der die Basis für die weitere Arbeit im Seminar bildet. An dieser Stelle stehen daher normalerweise Vorträge, ob per PowerPoint oder mit anderen Medien, weil das die bekannteste und üblichste Form der Informationsvermittlung ist.

In diesem Kapitel lernen Sie Alternativen zu herkömmlichen Vorträgen kennen, weil damit die wenigsten Menschen optimal lernen.

Ein Argument sind oft die Stofffülle und der Zeitmangel. Doch Sie müssen sich ehrlich fragen: Geht es Ihnen darum, dass die Teilnehmer die Informationen wirklich verstehen und aufnehmen – und anschließend sogar anwenden können? Dann reicht ein bloßer Vortrag nicht aus. Oder genügt es Ihnen, Ihre Inhalte von sich zu geben, ohne Garantie, dass sie auch bei Ihren Teilnehmern ankommen? Dann können Sie bei einem Vortrag bleiben.

Was wollen Sie erreichen?

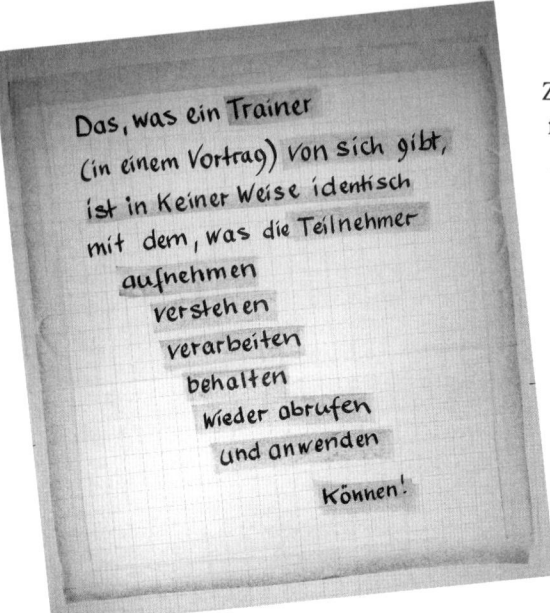

Das, was ein Trainer
(in einem Vortrag) von sich gibt,
ist in keiner Weise identisch
mit dem, was die Teilnehmer
aufnehmen
verstehen
verarbeiten
behalten
wieder abrufen
und anwenden
können!

Zugegeben, das ist etwas provokativ formuliert, trifft aber den Kern. Daher hier zur Verdeutlichung noch mein „Trainer-Mantra":

Methoden

1. Ball-Fragen

Ziel	an vorherige Themen anknüpfen, sich auf ein neues Thema einstimmen
Zeitbedarf	10 Minuten
Teilnehmerzahl	beliebig
Sozialform	Plenum, im Kreis sitzend oder stehend
Material	Koosh-Ball (Fransenball) oder ein anderer besonderer Ball; es gibt Bälle, die leuchten oder sich besonders anfühlen

Zur Methode Mit dieser Methode können Sie an vorheriges Wissen anknüpfen, Stoff vom vorherigen Tag oder einem vorangegangenen Seminarmodul wiederholen und damit zum neuen Thema überleiten.

Sie können diese Methode im Sitzen oder im Stehen ausführen. Letzteres empfiehlt sich, wenn die Teilnehmer lange gesessen haben und die Kinästheten wieder ins Boot geholt werden müssen.

Sie stellen eine Frage zum Stoff, an den Sie anknüpfen möchten, und werfen den Ball einem Teilnehmer zu, der sie beantworten soll. Nachdem er geantwortet hat, wirft er den Ball zu einem anderen Teilnehmer weiter und stellt selbst eine Frage zum Stoff.

Durchführung

Wenn es um die Wiederholung eines früheren Themas geht, können es Wissensfragen sein, aber ebenso Erfahrungen, die die Teilnehmer mit dem Thema gemacht haben, oder auch Probleme, die vielleicht aufgetreten sind.

Wollen Sie die Methode nutzen, um zum neuen Thema hinzuführen, können Sie fragen (lassen), was die Teilnehmer schon dazu wissen, was sie daran besonders interessiert, wozu sie es brauchen können, welchen Nutzen es in der Anwendung hat und Ähnliches. So können Sie zum einen herausfinden, welche Vorkenntnisse die Teilnehmer besitzen, aber auch mitbekommen, welche Einstellung und Haltung die Anwesenden zum Thema einnehmen. Sind das Interesse und die Motivation groß oder gibt es Befürchtungen?

Die wichtigsten Ergebnisse können Sie auf einem Flipchart notieren und erläutern, wann und wie diese Punkte im Folgenden behandelt werden.

Mögliche
Weiterarbeit

A – sprechen
K – stehen, Ball werfen

Lerntyp

2. Bilder als Einstieg

Ziel	Einstimmung in ein Thema
Zeitbedarf	20 – 30 Minuten
Teilnehmerzahl	beliebig
Sozialform	Plenum, im Kreis sitzend
Material	Kalenderbilder, Postkarten oder andere Bilder

Zur Methode
Mit dieser Methode können Sie etwas über die Befindlichkeit der Teilnehmer erfahren und gleichzeitig eine Verbindung zum Thema herstellen.

Vorbereitung
Wählen Sie Bilder mit unterschiedlichen Motiven aus und kleben Sie diese eventuell auf Karton oder laminieren Sie sie. Legen Sie die Bilder in der Pause oder am Vorabend in der Mitte des Seminarraums in einem Kreis aus.

Durchführung
Bitten Sie jeden Teilnehmer, ein Bild auszuwählen.
Dazu können Sie dann eine konkrete Fragestellung oder Aufgabenstellung geben: „Welches Bild hat für Sie mit dem Thema (zum Beispiel ‚Lernen‘, ‚Zeitmanagement‘, ‚Motivation‘ oder ‚Erfolg‘ usw.) ... zu tun?"

Anschließend stellt jeder Teilnehmer sein Bild vor und erläutert, warum er es ausgewählt hat und welche Assoziationen ihm zum Thema kommen.

Die Aufgabenstellung kann auch lauten: „Wählen Sie ein Bild, Variante das mit Ihrer Einstellung oder Ihrer Erfahrung zum Thema XY zu tun hat." Oder: „Wählen Sie ein Bild, das Ihre momentane Stimmung oder Befindlichkeit ausdrückt."

Sie können die Aussagen beispielsweise in einem Mind-Map auf Mögliche Weiterarbeit dem Flipchart notieren.

V – Bilder sehen Lerntyp
A – über Bilder sprechen
K – Bilder, Emotionen

3. Bilder mit Hintergrund

Ziel	Einstieg in ein Thema, Einstellungen und Empfindungen der Teilnehmer zum Thema artikulieren
Zeitbedarf	30 Minuten
Teilnehmerzahl	ab 6
Sozialform	Einzelarbeit oder Arbeitsgruppen, Plenum
Material	Bilder, ggf. Flipchart oder Pinnwand

Bilder sind eine gute Möglichkeit, um verschiedene Ebenen Zur Methode gleichzeitig anzusprechen. Das Vorwissen der Teilnehmer zu einem Thema, aber auch Meinungen oder Fragen können deutlich werden. Bilder ermöglichen einen Zugang zu unbewussten Gefühlen und Einstellungen.

Wählen Sie Bilder aus, die Sie eventuell auf Karton kleben oder Vorbereitung laminieren.

Sie legen die Bilder in der Mitte des Seminarraums aus und teilen Durchführung den Teilnehmern die Aufgabe oder die Fragestellung mit. Diese kann je nach Thema und Ziel sehr unterschiedlich ausfallen. Die folgenden Beispiele können Sie als Anregung nehmen und sich Ihre eigene Methode daraus basteln, die zu Ihrem Thema passt.

. . . .

Beispiele

Thema „Mein Berufsbild"

Es liegen verschiedene Bilder in der Mitte, die Menschen in unterschiedlichen Situationen zeigen, nicht nur aus dem beruflichen Bereich: eine Hausfrau beim Geschirrabwaschen, ein Bauer, der Mist beseitigt, ein Feuerwehrmann, ein Beichtvater usw. Diese Bilder können als Analogie genommen werden.

Entsprechende Fragen können sein:
- Welche Rolle(n) nehmen Sie derzeit in Ihrem Beruf ein?
- Welche Rollen sind Ihnen vertraut, welche weniger?
- Welche möchten Sie gerne haben, welche nicht?
- Welche Rolle wird von Ihnen erwartet?

Thema Teamarbeit

Hier liegen Bilder mit Menschen in verschiedenen Gruppierungen in der Mitte. Es geht darum, die Teamsituation in einem Unternehmen zu beleuchten. Wie fühlen sich die Einzelnen, wie hätten sie es gerne?

Bilder können sein: ein Streichquartett, ein Orchester mit Dirigent, eine Trekkinggruppe mit Führer, aber ebenso Bilder von Müllabfuhr, Beichtvater usw.

Die Teilnehmer notieren Assoziationen zu den Bildern. Diese können dazu auf ein Flipchart geklebt werden und die Assoziationen werden drumherum geschrieben. Danach schauen alle: Was hat das mit unserem Team und unserer Zusammenarbeit zu tun? Welche der beschriebenen Eigenschaften passt?

Womit sind wir zufrieden? Womit sind wir nicht zufrieden? Wo wünschen wir Veränderung? In welche Richtung soll die Veränderung gehen?

Thema „Mein Ausländerbild"
(Thema einer Fortbildung mit Lehrern und Ausbildern, die mit ausländischen Jugendlichen arbeiten)

Es werden Paare oder Kleingruppen gebildet. Jede Gruppe wählt sich ein Bild aus. Die Aufgabe besteht darin, dass die Teilnehmer sich als Reporterteam einer Zeitung verstehen und einen Artikel zum Bild schreiben sollen: Überschrift, Teaser usw. Anschließend wird aus den Beiträgen eine Wandzeitung gestaltet, die alle lesen.

Thema Kundenbindung

Hier kann es darum gehen, mit welchen Kundentypen die Teilnehmer zu tun haben oder wie ihre „Wunschkunden" aussehen, welche Eigenschaften diese haben usw.

. . . .

Sie können auch ein Bild oder mehrere als Aufhänger nehmen, um selbst etwas zum Thema zu sagen und erste Informationen dazu zu geben. | *Variante*

Im Plenum wird anschließend darüber diskutiert, was sich an Einstellungen und Fragen in den Beiträgen verbirgt. Es können sich Arbeitsgruppen bilden, die dann am Thema weiterarbeiten: Was folgt aus den Erkenntnissen? Was soll zukünftig anders laufen? usw. | *Mögliche Weiterarbeit*

V – Bilder sehen, auswählen und Texte schreiben | *Lerntyp*
A – sich austauschen und etwas erläutern
K – etwas kreativ und spielerisch gestalten, konkrete Bilder

4. Brain-Puzzle

Ziel	zusammentragen, was Teilnehmer schon zum Thema wissen oder denken
Zeitbedarf	10 Minuten
Teilnehmerzahl	beliebig
Sozialform	Plenum, im Stuhlkreis sitzend
Material	Flipchart

Zur Methode Bei herkömmlichen Vorträgen als Input oder Einführung in ein Thema werden alle Teilnehmer gleich behandelt und Sie fangen als Trainer quasi bei null an. Mit der hier vorgestellten Methode klären Sie erst einmal, was die Teilnehmer denn schon zum Thema wissen oder welche Assoziationen und Einstellungen sie dazu haben. Anschließend ergänzen Sie nur noch das, was fehlt.

Durchführung Sie schreiben das Thema in die Mitte auf ein Flipchart und fordern die Teilnehmer dazu auf, zu assoziieren, was sie mit dem Thema verbinden oder was sie schon dazu wissen. Je nach Thema können Sie auch Leitfragen dazu stellen.

Mit den Antworten können Sie ein Mind-Map auf einem Flipchart anlegen und gleich zusammengehörende Aspekte in einer „Wolke" zusammenfügen. So entsteht nach und nach ein Wissens- und Assoziationsnetz oder -puzzle.

Nachdem alles gesammelt wurde, was von den Teilnehmern kam, ergänzen Sie nur noch die fehlenden Informationen. Diese lassen sich von den Teilnehmern leichter in das schon bestehende Netz integrieren, als wenn Sie am Anfang lediglich einen Vortrag zum Thema gehalten hätten.

Lerntyp V – schreiben, lesen
A – Stichworte und Assoziationen nennen

5. Erlebnis-Parcours

Ziel	Abbau von Blockaden und Ängsten
Zeitbedarf	20 – 30 Minuten
Teilnehmerzahl	ab 10
Sozialform	Plenum, sich im Raum bewegend
Material	Musik, CD mit „gruseligen" Geräuschen, Instrumente, die Krach machen, Decke, Tücher oder anderes zum Augenverbinden
Online-Ressourcen	Text und Anleitung zur Geisterbahn zum Abbau von Prüfungsangst als Beispiel: http://zamyat-natur-seminare.de/downloads-zum-buch-lebendige-seminare-band-1/ (Passwort: zmk82Fc5M#)

Zur Methode

Eine Möglichkeit, mit Ängsten umzugehen, kann es sein, diese zu karikieren oder spielerisch zu behandeln. Ebenso können Rituale helfen. In der „Geisterbahn" sind diese verschiedenen Aspekte enthalten: die Angst (übertrieben) zu erleben und sich spielerisch, auch auf der körperlichen Ebene, mit Bewegung und Musik davon zu befreien.

Diese Methode erscheint manchen vielleicht sehr krass, ich habe sie allerdings oft in Seminaren mit Lehrern und Ausbildern durchgeführt als Anregung, wie diese wiederum mit ihren Jugendlichen und Schülern arbeiten können. Sie hat meist großen Anklang gefunden und allen Spaß gemacht.

Durchführung

Die Teilnehmer werden vom Trainer durch verschiedene Stationen der Geisterbahn geleitet, wobei manches in der Vorstellung geschieht und manches real. Das Erleben der Teilnehmer kann durch Musik, Geräusche, Requisiten verstärkt werden, wie ich es in dem Beispiel zur Prüfungsangst beschreibe.

Sie können eine solche Erlebnisreise mit verschiedenen Stationen und Phasen zu zahlreichen Themen einsetzen – der Witz ist stets die Übertreibung. Es gibt beispielsweise Ängste bei Themen wie „Kundenkontakt", „Rhetorik", „eine Rede halten", „Verkaufsgespräche" oder „Kaltakquise". Diese kann man thematisieren und dann auf die Schippe nehmen. Das Verblüffende ist, dass solche Rituale auf körperlicher Ebene wirklich befreien und helfen können.

. . . .

Beispiel: Prüfungsangst
(ausführlich als Online-Ressource)

Die Teilnehmer kommen in den Raum und Sie leiten die Geisterbahn mit folgenden Worten ein:

„Stell dir vor, du hast Prüfungsangst, die schlimmste Angst, die du dir überhaupt vorstellen kannst ... Das Ergebnis ist erst einmal ein totaler Blackout, sodass du nichts mehr lernen und denken kannst."

(Die Teilnehmer binden sich die Augen mit Tüchern zu.) Sie sprechen weiter:

„Nun bist du völlig orientierungslos, vielleicht sogar kopflos und stolperst ängstlich und verwirrt durch den Raum. Und noch mehr als ohnehin bist du all deinen Angst auslösenden Gedanken und inneren Filmen ausgeliefert ..."

(Hier läuft die CD mit einer verzerrten Stimme, die Sätze von sich gibt wie: „Das schaffst du nie ..." und hämisch lacht.)

„Du erinnerst dich zuerst an all die ‚ermutigenden' und ‚aufmunternden' Sätze deiner Lehrer, Eltern, Geschwister und Freunde ..."

(Versager, streng dich doch mal an, mein Gott, bist du blöd, das schaffst du nie ...)

„Schließlich haben sie es geschafft, dass sich das Gift des Selbst-
zweifels und der Versagensangst vollständig in dir ausgebreitet
hat."

(Die Musik verändert sich …)

„Spüre es in allen Gliedern – erlebe die Zitterpartie, lass dich
davon durchschütteln, geh mit dem ganzen Körper in dieses
Empfinden hinein …"

(Chor)

„… und da das noch nicht reicht, steigere dich noch mehr in die
Angst hinein …"

(Orgel)

„Schließlich bist du so davon paralysiert, dass sich eine bleierne
Lähmung in dir ausbreitet."

(schnelle Musik)

„Doch da, ein neuer Energieschub! Den nutzt du, um dich so
richtig in Hektik zu bringen …"

*(hektische Stimme auf CD: „Wie soll ich das bloß schaffen, ich
habe keine Zeit mehr …")*

(kurze Pause, Chor)

„… und so kommst du langsam immer mehr zum Höhepunkt:
ANGST"

(„Hilfe! Nein!!!")

„... und damit du es nicht vergisst: Es ist wirklich alles zu spät, morgen musst du aufs Schafott! Morgen ... Genieße noch einmal den Horror und die ganze Anspannung ..."

Es folgen weitere angstbesetzte Stationen und schließlich die Geisteraustreibung:

Sie beginnt mit einem Tanz (zu Trommelmusik, bei der die Teilnehmer alle Ängste und Negativsätze in den Boden stampfen, eventuell Zettel mit Sprüchen auf den Boden werfen und darauf herumtrampeln).

Nun können die Teilnehmer noch Beschwörungsformeln, Mantras und Zaubersprüche entwickeln und diese leise murmeln oder sprechen und mit entsprechenden rituellen Bewegungen begleiten. Vielleicht müssen die Geister auch ausgeräuchert werden (Räucherstäbchen).

Die Mantras lassen sich auch singen.

Um wirklich die allerletzten und hartnäckigsten Angstgeister zu verjagen, müssen wir nun gehörigen Krach schlagen. Jeder nimmt sich eine Trommel, Glocke, Schelle oder Rassel oder was sich sonst noch an Instrumenten findet und macht so viel Krach, wie er kann (auch mit der Stimme). Dazu müssen sich alle bewegen, am besten in einem magischen Kreis.

Tipp

Es wirkt unterstützend, am Ende das Fenster zu öffnen, damit die „Geister" und die schlechte Energie nach draußen entweichen können.

Lerntyp A – Geräusche, Musik, sprechen und singen
K – herumlaufen, sämtliche Übungen, Spielerisches

6. Gegenstände und Requisiten

Ziel	Einstimmung auf ein Thema
Zeitbedarf	10 Minuten
Teilnehmerzahl	beliebig
Sozialform	Plenum, im Stuhlkreis sitzend
Material	Gegenstände und Requisiten

Mit Gegenständen und Requisiten können Sie die Aufmerksamkeit der Teilnehmer noch mehr gewinnen als durch eine Visualisierung auf einem Flipchart oder Poster. Sie können damit Neugierde wecken oder auch einfach ein Lachen erzeugen. Auf jeden Fall wird die Aufmerksamkeit fokussiert. **Zur Methode**

Sie wählen Gegenstände oder Requisiten aus. **Vorbereitung**

Sie können Gegenstände auf unterschiedliche Weise präsentieren: **Durchführung**

▪ Sie präsentieren den Gegenstand als Überraschung, indem Sie ihn einfach vorne hinlegen, ohne etwas zum Thema zu verraten, das anschließend behandelt wird. Dabei testen Sie die Reaktion der Teilnehmer. Kommen Fragen oder schon Vermutungen zum Thema? Je ungewöhnlicher und verblüffender und auch entfernter vom Thema der Gegenstand ist, umso größer ist die Wirkung.

▪ Sie zeigen einen Gegenstand und fordern die Teilnehmer zu Assoziationen auf, ohne schon das Thema zu nennen. Diese Assoziationen notieren Sie auf einem Flipchart. Vielleicht ist die eine oder andere Assoziation dabei, von der aus Sie eine Brücke zum Thema schlagen können. Und sei es um drei Ecken herum. Das erfordert Ihre Kreativität ebenso wie die der Teilnehmer.

- Sie verraten schon das Thema und stellen die Frage: „Was hat dieser Gegenstand mit dem Thema ... zu tun?" Dann sammeln Sie die Antworten und Assoziationen, die Sie auf einem Flipchart festhalten können.
- Sie halten einen kurzen Vortrag und stellen dabei nach und nach zu bestimmten Stichworten die entsprechenden Requisiten auf.

Beispiel-Gegenstände

- Thema Gedächtnis oder Lernen: Plastikgehirn
- Thema „Wie locke ich Kunden an?": Knochen
- Bankthema: Schokoladengeld
- Walt-Disney-Strategie (eine Kreativitätstechnik): in drei Ecken Gegenstände: für den Träumer Mini-Liegestuhl und Tücher, beim Handelnden Zollstock und Schaufel, beim Kritiker Lupe, überdimensionaler Taschenrechner

Beispiel-Requisiten

- Kundenhüte: Hut des unsicheren Kunden, des Besserwissers usw.
- Lerntypen: visuell Karnevalsbrille mit dicken Gläsern; auditiv riesige Ohren und riesiger Mund; kinästhetisch riesige Schaumstoffhand
- Der menschliche Geist: weißes Gewand mit Turban

Themenhinführung und Einführung

Sie können eine Kiste mit allen möglichen Gegenständen in den Raum stellen und die Teilnehmer selbst Dinge zu bestimmten Themen oder Schlüsselwörtern auswählen lassen. Das dient vor allem als Gedächtnisstütze und sorgt für eine kleine Aktivität der Teilnehmer.

Variante

V – Gegenstände anschauen
A – Assoziationen äußern
K – Spaß an Requisiten und Auffälligem

Lerntyp

7. Geschichten

Ziel	Einstimmung und Einführung in ein Thema, erste Informationen transportieren
Zeitbedarf	10 – 15 Minuten
Teilnehmerzahl	beliebig
Sozialform	Plenum, im Stuhlkreis sitzend
Material	passende Geschichte, evtl. Flipchart

Die Tradition des Geschichtenerzählens ist in unserer Kultur ziemlich in den Hintergrund getreten. Mit einer spannenden oder witzigen Geschichte können Sie Teilnehmer emotional auf ein Thema einstimmen – und eventuell schon ein paar Informationen transportieren.

Zur Methode

Gerade für Kinästheten sind Geschichten wichtig, um Dinge besser zu begreifen, weil sie konkret und mit Gefühlen verbunden sind. Auditive lieben Geschichten sowieso.

Sie wählen eine passende Geschichte aus oder schreiben selbst eine.[10]

Vorbereitung

Zur Einstimmung

Zu Beginn eines Themas oder zu Beginn des Tages erzählen Sie eine Geschichte. Bei metaphorischen Geschichten ist es meist nicht nötig und auch nicht günstig, anschließend darüber zu sprechen. Das Erzählte sollte mehr auf der unbewussten und intuitiven Ebene wirken. Je nach Thema oder Geschichte kann aber auch eine Weiterarbeit sinnvoll sein, zu der Sie konkrete Anweisungen oder Aufgaben geben.

Zur thematischen Einführung oder zum Überblick

Sie erzählen oder lesen eine Geschichte vor, die ein abstraktes oder trockenes Thema lebendig und anschaulich macht. In der Geschichte sind die wichtigsten Informationen zum Thema enthalten.

Beispiel

Ein suggestopädisches Beispiel aus einem ganz anderen Bereich, den Sie aber auf jedes andere Themen übertragen können, ist etwa die Photosynthese. Dazu gibt es ein Lernplakat mit einem Baum, einem Wassertropfen, der Sonne usw. In der Geschichte wird nun der Prozess der Photosynthese aus der Perspektive des Wassertropfens dargestellt.

Variante   Sie können die wichtigsten Stichworte auf einem Flipchart festhalten, das zur Orientierung an der Wand hängt.

Hinweis   Sie können sich aussuchen, ob Sie eine Geschichte frei erzählen oder vorlesen. Freies Erzählen ist sicher dann sinnvoll, wenn Sie etwas berichten, was Sie selbst erlebt haben. Das stellt eine noch größere Beziehung zum Thema her. Andererseits kann eine sehr gut geschriebene Geschichte verlieren, wenn man sie mit eigenen Worten erzählt.

V – innere Bilder, eventuell dazu gehörendes Lernplakat sehen   Lerntyp
A – Geschichte hören
K – über konkrete Geschichten Abstraktes begreifen, Emotionen

8. Karten-Paare 2

Ziel	Einstimmung auf ein Thema, Austausch
Zeitbedarf	15 – 20 Minuten
Teilnehmerzahl	ab 8
Sozialform	Plenum, Paare
Material	Beschriftete Karten mit Zitaten (Satzanfänge oder Satzenden)
Online- Ressourcen	Beispiel-Zitate: http://zamyat-natur-seminare.de/downloads-zum-buch-lebendige-seminare-band-1/ (Passwort: zmk82Fc5M#)

Bevor Sie in ein neues Thema einsteigen, möchten Sie wissen,   Zur Methode
welche Einstellung die Teilnehmer dazu haben, welche Assoziationen oder Gedanken ihnen dazu kommen, vielleicht auch, welches Vorwissen sie haben.

Mit dieser Methode werden die Teilnehmer gleich zu Beginn aktiv einbezogen, indem sie über Redewendungen, Sprichwörter oder andere Sätze in eine Diskussion eintreten und eine Verbindung zum Thema herstellen.

Suchen Sie vorab passende Sprüche zum Thema oder formulie-   Vorbereitung
ren Sie selbst welche und beschriften Sie damit Karten. Jeder Satz wird zweigeteilt (siehe auch Methode I. 15 und I. 16).

Wenn du es eilig hast, ... gehe langsam.

Durchführung Sie mischen die Karten und lassen jeden Teilnehmer verdeckt eine Karte ziehen. Auf den Karten steht entweder ein Satzanfang oder ein Satzende. Die Teilnehmer müssen dann in einem ersten Schritt ihren Partner finden, der die andere Satzhälfte hat. Mit ihm setzen sie sich für die folgende Aufgabe zusammen.

Mögliche Aufforderungen an die Paare können sein:
- „Was sagen Sie zu der Aussage? Stimmen Sie damit überein oder nicht?"
- „Fallen Ihnen konkrete Beispiele (aus Ihrem Leben) dazu ein?"
- „Welche Fragen haben Sie noch dazu oder worüber würden Sie gerne mit allen weiter diskutieren?"
- „Was hat das mit dem Thema ... zu tun?"

Beispiele zum Thema Zeitmanagement

- In der Ruhe ... liegt die Kraft.
- Auch die längste Reise ... beginnt mit dem ersten Schritt.
- Ihr habt die Uhren, ... wir haben Zeit.
- Morgenstund' ... hat Gold im Mund.
- Wenn du es eilig hast, ... gehe langsam.

Hinweis Diese Methode habe ich in ähnlicher Form auch in Kapitel I unter „Einstieg und Kennenlernen" vorgestellt. Sie können diese Methode eben mit einer kleinen Abwandlung auch als Einstieg in ein Seminar zum Kennenlernen einsetzen – oder wie hier als Einstieg in ein Thema.

V – Karten lesen
A – sich austauschen
K – herumlaufen, Partner suchen

9. Kreative Wort-Assoziationen – KaWa[©11]

Ziel	Einstimmung auf ein Thema
Zeitbedarf	10 – 15 Minuten
Teilnehmerzahl	beliebig
Sozialform	Einzelarbeit, ggf. Arbeitsgruppen oder Plenum
Material	Papier und Stifte

Die Teilnehmer können sich mit dieser Methode auf ein Thema einstimmen und frei dazu assoziieren. Ich habe sie aber auch schon als Vorbereitung für eine Seminarplanung genutzt zu einem Thema, das völlig neu für mich war, und bin dadurch auf überraschende Ideen gekommen. **Zur Methode**

Jeder Teilnehmer schreibt das Thema, das bearbeitet werden soll oder in das eingeführt wird, quer auf die Mitte eines Blattes (im Querformat). Es sollte in Großbuchstaben geschrieben werden, am besten mit dickem Filzstift oder mit doppelter Umrandung. **Durchführung**

Nun werden zu jedem Buchstaben des Wortes Assoziationen geschrieben, über oder unter dem jeweiligen Buchstaben, mit einer Linie verbunden. Das sollte möglichst spontan und schnell geschehen. Dabei darf wild und unsortiert „geschmiert" werden, es geht nicht um Schönheit, sondern darum, möglichst an das unbewusste Denken heranzukommen, an die kreativen Ideen, die nicht immer auf der bewussten Oberfläche liegen. Die Teilnehmer können auch ähnlich wie bei einem Mind-Map kleine Bildchen oder Symbole dazu malen, wenn ihnen diese gerade in den Sinn kommen.

Beispiele

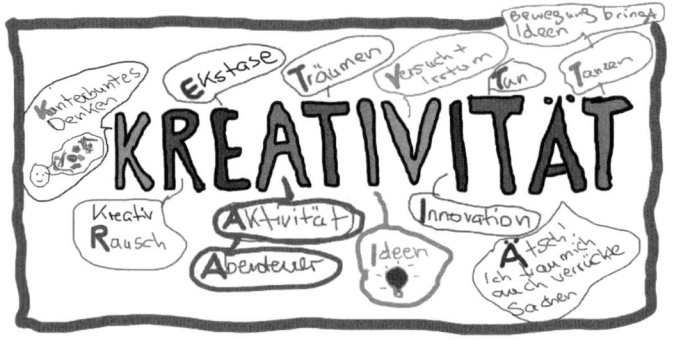

Mögliche Weiterarbeit	Mit den aufgetauchten Begriffen und Schlüsselwörtern kann nun weitergearbeitet werden: Sei es, dass zu einzelnen Schlüsselwörtern weitere KaWas© angelegt werden, oder auf andere Art.
Hinweis	Sie können sich im Plenum mit allen über die Ergebnisse austauschen oder in Arbeitsgruppen oder Murmelgruppen (siehe Methode V. 12). Das hängt vom Ziel und vom Thema ab.
Lerntyp	V - schreiben A – sich austauschen K - kreativ assoziieren, herumschmieren auf dem Blatt

10. Mind-Map

Ziel	Einstimmung auf ein Thema, Überblick über ein Thema
Zeitbedarf	5 – 10 Minuten, bei Teilnehmer-Beteiligung 20 Minuten
Teilnehmerzahl	beliebig
Sozialform	Plenum, im Stuhlkreis sitzend
Material	Flipchart mit Mind-Maps, Pinnwand, evtl. Moderationskarten

Mind-Maps sind für viele unterschiedliche Ziele einsetzbar (siehe Methoden II. 3 und II. 5). An dieser Stelle dient ein Mind-Map dazu, einen Überblick über das im Seminar folgende Thema zu geben und auf das Thema einzustimmen.

Zur Methode

Sie schreiben und gestalten ein Mind-Map zu Ihrem Thema.

Vorbereitung

Sie hängen das Mind-Map auf dem Flipchart oder an der Pinnwand auf und erläutern die einzelnen Punkte. Die Teilnehmer können mit einbezogen werden, indem sie Fragen stellen oder eigene Vorerfahrungen zu den jeweiligen Punkten mitteilen.

Durchführung

. . . .

Beispiele

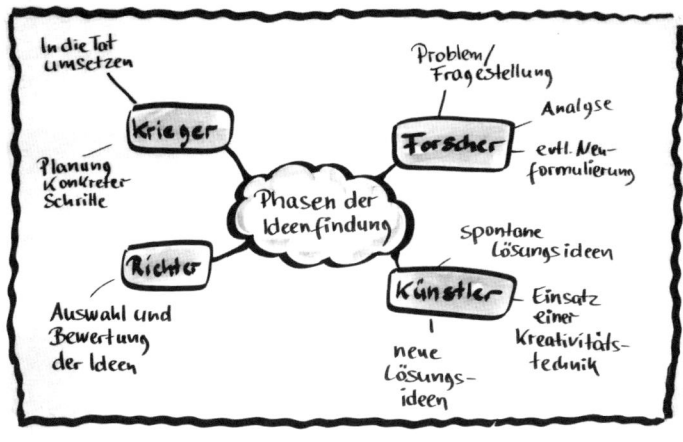

Thema:
Ideenfindung

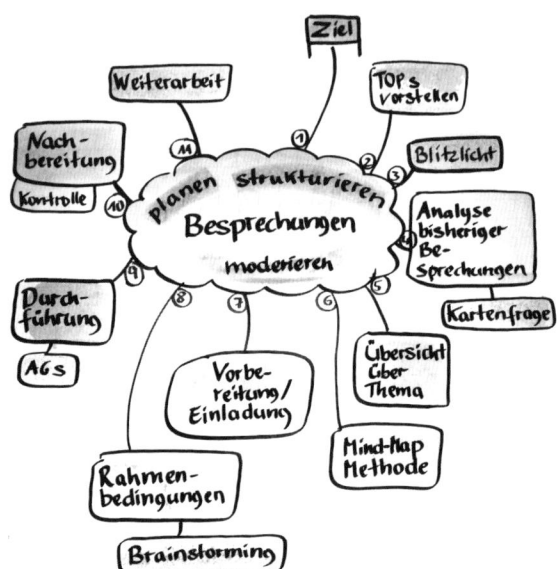

Thema:
Besprechungen
planen,
strukturieren,
moderieren

Thema: Ziel
von kreativen
Seminar-
methoden

Sie können solch ein Mind-Map auch mit den Teilnehmern zu- Varianten
sammen erstellen. Beispielsweise stehen auf dem Mind-Map
schon die Oberbegriffe zum Thema und die Teilnehmer sollen
diese ergänzen. Die Ergänzungen notieren Sie auf Moderationskarten und hängen sie dazu.

Sie können auch Fragen notieren oder Stichworte zu der Frage:
„Was möchte ich zu dem Thema noch wissen?" Oder die Teilnehmer schreiben direkt ihre Ergänzungen auf das Flipchart.

So können Sie sehen, wo noch Lücken sind und was Sie eventuell noch ergänzen sollen.

V – Flipchart, Mind-Map, Karten schreiben   Lerntyp
A – Fragen stellen, Ergänzungen anbringen
K – aufstehen und Karten anhängen oder schreiben

11. Mini-Test

Ziel	Einstimmung auf das folgende Thema
Zeitbedarf	5 Minuten
Teilnehmerzahl	beliebig
Sozialform	Plenum, im Stuhlkreis sitzend
Material	je nach Thema Flipchart, Papier, Stifte usw.

Mit dieser kleinen Übung stimmen Sie auf ein Thema ein. Es   Zur Methode
muss nicht immer ein Test sein, es kann auch eine sonstige kurze Abfrage sein. Es geht an dieser Stelle weniger um einen wirkli-
chen Test mit einem ernsthaften Ergebnis als vielmehr um einen
aufgelockerten Einstieg. Sie finden zu allen möglichen Themen
spielerische Tests im Internet.

Bevor Sie mit dem eigentlichen Thema beginnen, starten Sie eine kleine Umfrage oder machen einen kurzen Test.

. . . .

Beispiele

Thema Lerntypen

Zunächst kläre ich auf einem Flipchart die Begriffe visuell, auditiv, kinästhetisch, gustatorisch und olfaktorisch. Dann bitte ich die Teilnehmer, die Augen zu schließen, während ich einen Begriff nenne. Sofort danach sollen sie die Augen wieder öffnen und ich frage nach: „Wer hat das, was ich genannt habe, als Erstes gesehen oder gehört oder gerochen usw.?" Ich gehe alle fünf Sinne durch. Die Teilnehmer antworten nur mit Handzeichen. Das mache ich noch mit drei weiteren Begriffen.

Anschließend kläre ich dann auf: Das war kein Test, nach dem sich nun jeder schon eindeutig einem Lerntyp zuordnen kann, sondern es ging mir nur um eine kleine Demonstration, um zu zeigen, wie unterschiedlich die Reaktionen sind. Denn es zeigen nicht immer alle gleichzeitig auf, sondern es verteilt sich über die Sinne.

Thema Kreativität

Als Einstieg nutze ich hier einen Test zum Ankreuzen, den ich aus einem Buch von Bernd Weidenmann[12] habe. Der Test führt aber quasi in die Irre, weil er nur demonstriert, dass die eigene Kreativität davon abhängt, ob man sich selbst als kreativ einschätzt oder nicht. Das ist dann der Ausgangspunkt für die weitere Einführung ins Thema.

. . . .

Lerntyp   V – innere Bilder sehen
            A – Begriffe hören
            K – spielerischer Test

12. Murmelgruppen

Ziel	Teilnehmer auf ein Thema einstimmen, Teilnehmer aktiv miteinbeziehen
Zeitbedarf	3 – 5 Minuten, evtl. Weiterarbeit 5 – 10 Minuten
Teilnehmerzahl	beliebig
Sozialform	Plenum, Dreiergruppen
Material	Flipchart

Diese einfache, aber geniale Methode können Sie für ganz un- **Zur Methode**
terschiedliche Ziele und in verschiedenen Situationen einsetzen.
Hier kommen vor allem die Auditiven zum Zuge, aber auch für
alle anderen ist sie nützlich.

Wir reden von „Murmelgruppen", da die Teilnehmer mit leiser
Stimme murmelnd sprechen sollen. Weil ja mehrere Gruppen
gleichzeitig sprechen, wird es sonst zu laut. Es spart Zeit, wenn
die Teilnehmer nicht extra den Raum verlassen, sondern sich nur
kurz für drei bis fünf Minuten zueinanderdrehen und sich über
ein Thema oder eine Frage austauschen.

In Murmelgruppen kommt jeder zu Wort und äußert sich. Das
ist ein Vorteil gegenüber dem Plenum, wo sich selten alle Menschen beteiligen (was oft auch sehr zeitraubend ist). So kommen
viel mehr Ideen zusammen als bei einer Plenumsrunde.

Sie können Murmelgruppen einsetzen:

- als Hinführung zu einem Thema
- mitten in einem Vortrag zu einem bestimmten Aspekt oder
  einer konkreten Fragestellung
- am Ende eines Vortrags als Zusammenfassung oder zur Klä-
  rung, was neu war, welche Fragen noch offen sind usw.
- wenn Sie Fragen der Teilnehmer selbst nicht aus dem Stand

beantworten können (Sie geben sie dann an die Gruppe weiter)
- wenn es Unruhe oder unterschwellige Konflikte gibt
- wenn Sie die Gruppe kurz beschäftigen wollen, weil Sie gerade etwas vorbereiten, aufhängen oder einsammeln müssen (beispielsweise Gegenstände einer Lernlandschaft)
- wenn Sie einfach mal drei Minuten Pause brauchen

Ganz allgemein können Sie mit dieser Methode die Teilnehmer immer aktiv einbeziehen.

Vorbereitung Sie schreiben die Fragestellung oder Aufgabe für die Murmelgruppen auf ein Flipchart.

Durchführung Sie bitten die Teilnehmer, sich zu dritt zusammenzusetzen. Bei einem Stuhlkreis brauchen diese nur die Stühle etwas zu drehen. Bei Kinobestuhlung drehen sich abwechselnd zwei zueinander und einer nach hinten.

Sie geben die Aufgabe oder das Thema vor, worüber sich die drei jeweils austauschen sollen, und machen auch eine präzise Zeitangabe (in der Regel drei bis fünf Minuten).

Je nach Thema kann es sinnvoll sein, die Ergebnisse der Murmelgruppen am Ende zu sammeln. Dann trägt jeweils einer aus jeder der Gruppe die Resultate vor, die Sie dann beispielsweise auf einem Flipchart notieren.

Beispiele

Als Einstimmung in ein Thema

- Was wissen Sie schon zum Thema?
- Welche Erfahrungen haben Sie damit schon gemacht?
- Welche Fragen haben Sie zum Thema?
- Was interessiert Sie besonders an dem Thema?

- Was glauben Sie, wozu es nützlich ist, sich mit diesem Thema zu beschäftigen?

Während eines Einführungsvortrags

- Welche Antworten zu dieser Frage fallen Ihnen ein?
- Welche Lösungsvorschläge haben Sie?
- Welche Erfahrungen haben Sie damit gemacht?
- Haben Sie schon erste Ideen, was das für Ihre weitere Arbeit bedeutet?
- Haben Sie schon erste Ideen, was Sie davon umsetzen wollen?
- Tauschen Sie Ihre Meinung zu dieser These aus.

. . . .

Solche und ähnliche Fragen vor der Einführung in ein Thema führen dazu, dass sich die Teilnehmer bewusst werden, worin eigentlich ihr Ziel oder ihr Interesse liegt. Dann können sie der sich anschließenden Einführung viel besser und fokussierter folgen, als wenn sie mit der Haltung dasitzen: „Ach, mal sehen, was der uns nun erzählt." **Hinweis**

Mit einigen dieser Fragen fördern Sie auch einen kleinen Erfahrungsaustausch. Denn es ist ja nicht so, dass die Teilnehmer überhaupt noch nichts zum Thema wissen.

Wenn Sie die Ergebnisse anschließend sammeln, erfahren Sie auch, welches Hintergrundwissen oder welche Erfahrungen die Teilnehmer schon mitbringen, und können gezielter darauf eingehen.

A – Informationen in eigene Worte fassen und sich darüber austauschen **Lerntyp**
K – Aktivierung

13. Museum

Ziel	Einführung in ein Thema
Zeitbedarf	10 – 15 Minuten
Teilnehmerzahl	beliebig
Sozialform	Plenum, im Raum herumlaufend
Material	Gegenstände, Tische, Schilder, Tücher oder Decken
Online-Ressourcen	Fotos mit Erläuterungen: http://zamyat-natur-seminare.de/downloads-zum-buch-lebendige-seminare-band-1/ (Passwort: zmk82Fc5M#)

Zur Methode Diese spannende und ungewöhnliche Methode, in ein Thema einzuführen, stammt von meinem Kollegen Axel Rachow (habe ich von ihm auf einem Kongress kennengelernt). Allerdings ist sie etwas aufwendig und lohnt sich meist nur bei einem Thema, das Sie öfter in Ihren Trainings behandeln. Oder es geht um ein ganz besonderes Training, bei dem Sie keine Kosten und Mühen scheuen.

Vorbereitung Sie wählen passende Gegenstände aus und schreiben witzige Schilder dazu.

Durchführung Auf Tischen liegen verschiedene Gegenstände. Wenn Sie es besonders spannend machen wollen, ist jeder Gegenstand mit einem schwarzen Tuch bedeckt, sodass Sie diese nach und nach feierlich enthüllen können.

Sie erzählen eine Geschichte zu jedem Gegenstand und führen die Teilnehmer so zu Beginn des Seminars durch das „Museum". Auf Schildern steht die Bezeichnung des jeweiligen Exponats, ebenso die Jahreszahl der Entstehung oder der Fundort und das Jahr (von Ihnen erfunden).

Die Gegenstände haben mit dem Thema zu tun oder Sie können einen Zusammenhang dazu herstellen. Gerade Alltagsgegenstände, denen eine besondere Bedeutung zugewiesen wird, sind besonders witzig.

Das ist überhaupt die Herausforderung: Gegenstände zu finden und eine „Beschreibung" zu erfinden, die das Ganze witzig macht, Aha-Effekte auslöst und in Erinnerung bleibt.

Beispiel zum Thema Trainer

In Axel Rachows Museum lagen beispielsweise Kohlen (für das Feuerlaufen mit einem Motivationstrainer) und vier Gummireifen (von Vera Birkenbihls Wohnmobil).

Variante

Bei Kongressen oder anderen besonderen Events kann man auch schon den Einlass in das Museum zelebrieren. Der Zugang ist mit einem Absperrband versperrt, die Besucher bekommen vorher eine Eintrittskarte. Das Band wird feierlich zerschnitten, wenn sich alle vor dem Eingang tummeln, und dann beginnt die gemeinsame Führung.

Mögliche Weiterarbeit

Jeder Teilnehmer wählt einen Gegenstand aus und schreibt oder erzählt darüber noch eine ausführlichere Geschichte. Das kann reiner Nonsens sein, einfach zur Fantasieanregung, oder je nach Thema auch ernsthaft etwas, was er zu dem Thema oder dem Aspekt des Themas weiß.

Lerntyp

V – Gegenstände sehen, Schilder lesen
A – Erläuterungen hören, Fragen stellen
K – dreidimensionale Gegenstände sehen und anfassen

14. Satzanfänge

Ziel	Einstimmung auf ein Thema, Bedarf klären
Zeitbedarf	10 Minuten schreiben, 5 – 10 Minuten Austausch
Teilnehmerzahl	beliebig
Sozialform	Plenum, im Raum herumgehend
Material	Flipcharts mit Satzanfängen

Zur Methode   Die Teilnehmer erarbeiten, was sie schon zum Thema wissen und was sie dazu noch lernen oder erfahren möchten. Sie als Trainer erhalten so entsprechende Informationen, was schon bekannt ist oder noch ergänzt werden muss.

Durchführung   Auf Flipcharts stehen Satzanfänge zum Thema. Die Teilnehmer gehen im Raum herum und können auf jedem Flipchart den angefangenen Satz beenden.

Beispiel Zeitmanagement

- Mein größtes Problem beim Zeitmanagement ist …
- Ich kenne folgende Zeitmanagement-Methoden und -Techniken und setze sie ein / nicht ein: …
- Was ich vor allen Dingen brauche, ist …

Beispiel Verkauf

- Mir gelingt besonders gut beim Verkauf …
- Mir fällt besonders schwer beim Verkauf …
- Hierzu hätte ich gerne noch weitere Tipps: …

Sie können natürlich auch schon konkretere Teilbereiche und Variante Themen abfragen:

- Was wissen die Teilnehmer dazu schon?
- Worüber wollen sie gerne diskutieren?
- Wo haben sie Fragen und was möchten sie dazu noch lernen?

So werden Trainer und Teilnehmer auf das neue Thema eingestimmt und sehen auch, wie der Stand und das Interesse bei den anderen sind.

Die Flipcharts können gemeinsam besprochen werden oder als Mögliche Weiterarbeit Ausstellung erst einmal hängen bleiben. Dann schaut sich jeder Teilnehmer die Ergebnisse an und kann markieren, über welche Punkte er weiter sprechen möchte.

Oder Sie schauen sich in der Pause die Ergebnisse an und sehen dann, was noch einer weiteren Diskussion bedarf oder was Sie einfach als Grundlage für Ihre weitere Arbeit nehmen.

Oft reicht es, die Punkte wahrzunehmen und die Teilnehmer bei konkreten Wünschen darauf hinzuweisen, wann und wie dies im Seminar bearbeitet wird.

V – schreiben Lerntyp
A – miteinander sprechen
K – herumlaufen

15. Thematische Fotos

Ziel	Einstimmung auf ein Thema, Hintergründe erfahren
Zeitbedarf	je nach Variante verschieden
Teilnehmerzahl	beliebig
Sozialform	Plenum, im Stuhlkreis sitzend
Material	thematische Fotos von Landschaften, Innenräumen, Tieren oder Häusern, evtl. Zeichenblöcke, Wasserfarbe, Pinsel
Online-Ressourcen	Fotos: http://zamyat-natur-seminare.de/downloads-zum-buch-lebendige-seminare-band-1/ (Passwort: zmk82Fc5M#)

Zur Methode Anders als bei der Methode „Bilder als Einstieg" (V. 2), wo beliebige Bilder oder Fotos ausgelegt werden, werden hier Bilder zu einem bestimmten Thema verwendet, die Anregungen für Analogien geben sollen.

Vorbereitung Sie wählen Fotos aus und stellen sie zusammen.

Durchführung Die Fotos liegen in der Mitte des Raumes und jeder Teilnehmer soll sich gemäß Ihrer Ansage ein Bild aussuchen. Hierbei kann es um das persönliche Empfinden und die Stimmung gehen, das Ganze kann aber auch auf ein Thema bezogen werden. Jeder erläutert anschließend sein Bild.

Beispiele

- „Wählen Sie ein Foto, das Ihre Stimmung zum Punkt ‚Kundenbeziehungen' ausdrückt."
- „Wählen Sie ein Bild, das die Atmosphäre im Team / in der Abteilung / in der Firma zum Ausdruck bringt."

In Seminaren zur Persönlichkeitsentwicklung oder in Selbster- Varianten
fahrungskursen habe ich folgende Varianten angeboten:

Variante 1: Seelenlandschaften

Die Teilnehmer sollen ein Landschaftsbild auswählen, das der momentanen Stimmung entspricht, und ein zweites, das das Ziel, die Vision, den Wunsch ausdrückt. Anschließend wird das Zielbild mit Wasserfarben abgemalt, dazu läuft im Hintergrund leise Musik. Zusätzlich kann noch ein Text oder eine Art Gedicht dazu geschrieben werden. Die Ergebnisse werden in einer Ausstellung präsentiert.

Das Verblüffende ist immer wieder, dass auch Menschen, die vorher nie gemalt haben oder glauben, nicht malen zu können, auf diese Art wunderschöne Bilder produzieren.

Variante 2: Innenräume

In der Mitte liegen Bilder von ganz unterschiedlichen Innenräumen. Jeder Teilnehmer wählt sich ein Bild aus, das ihm am besten gefällt oder das etwas von der eigenen Person ausdrückt.

Ich erinnere mich daran, dass ich zwei Bilder auswählte (ich mache ja die meisten Übungen mit): einen orientalischen Raum mit bunten Kissen und Wänden, wo man gemütlich auf dem Diwan liegen kann, und ein japanisches Zen-Zimmer, fast kahl und leer mit Tatami-Matten. Das zeigt zwei scheinbar gegensätzliche Seiten von mir: die orientalische Fülle, Lebensfreude und Buntheit und einen strengen, asketischen, disziplinierten Teil.

Über solche Bilder kann man vieles besser ausdrücken als über Worte.

V – Bilder ansehen, eventuell Gedicht schreiben Lerntyp
A – etwas erläutern
K – malen

16. Themen-Flipchart

Ziel	Überblick über ein Thema, Einführung in ein Thema, etwas kreativ visualisieren
Zeitbedarf	5 – 10 Minuten Vorbereitung
Teilnehmerzahl	beliebig
Sozialform	beliebig
Material	Flipchart, Filzstifte, Stockmar-Wachsmalblöcke

Zur Methode Flipcharts werden oft während eines Trainings beschrieben, indem Diskussionsstichworte festgehalten werden, Arbeitsgruppenergebnisse oder anderes. Sie können aber auch schon vorbereitete Flipcharts zur Einführung in ein Thema mit ins Seminar bringen. Der Vorteil ist, dass Sie diese in Ruhe und damit schöner gestalten können.

Eine anspruchsvolle kreative Visualisierung erhöht die Qualität des Vortrags. Schöne Flipcharts regen die Teilnehmer an und sprechen sie auch emotional an. Es sind „Hingucker", was ja der Sinn einer jeden Visualisierung ist – sie prägen sich damit besser ein. Durch Bilder und Zeichnungen können Sie zudem besondere Akzente setzen.

Vorbereitung Sie beschriften und gestalten Flipcharts zu Ihrem Thema.

Durchführung Sie haben auf einem Flipchart die wichtigsten Stichworte oder Punkte zu einem Thema notiert. Das kann in Form eines Mind-Maps, einer Grafik, einer Tabelle, eines Bildes erfolgen – wie auch immer. Anhand dieser Visualisierung erläutern Sie die einzelnen Stichworte und führen in das Thema ein.

Natürlich können die Teilnehmer durch Fragen oder kleine Aktivierungen zwischendurch miteinbezogen werden.

Beispiele

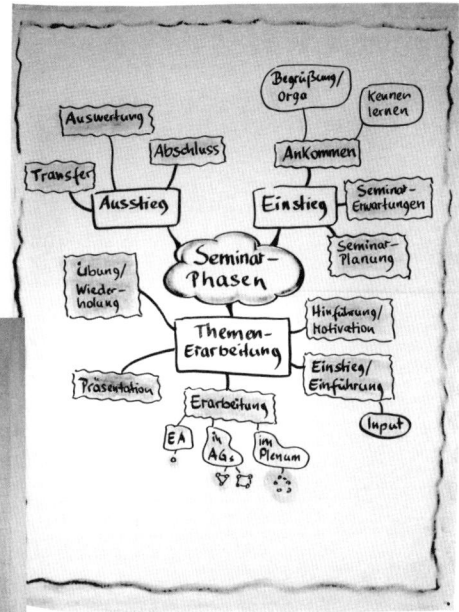

Thema:
Seminarphasen

Motivatoren

1. Selbst in Aktion sein
2. Vorbildern zuschauen
3. Vergangene Ereignisse
4. Zukunftsperspektive
5. Identifikation mit dem Sinn einer Aufgabe
6. Wohlgefühl während des Ereignisses
7. Wettkampf / Rekordorientierung
8. Allein arbeiten
9. Companionship
10. Äußere Faktoren
11. Anerkennung
12. Sach-Feedback
13. Herausforderung
14. Gute Vorbereitung

Thema:
Motivatoren

Thema:
Lernlandschaften

| Variante | Die Teilnehmer stellen selbst Themen-Flipcharts her aus dem, was sie schon zum Thema wissen oder erfahren möchten, nach Erarbeitung in Arbeitsgruppen. |

| Hinweis | Flipcharts sehen gleich schöner aus, wenn Sie diese farbig mit Stockmar-Wachsmalblöcken gestalten. Diese können Sie wie Textmarker einsetzen oder einen Rahmen damit gestalten.[13] |

| Lerntyp | V – Visualisierung anschauen |

A – zuhören, eventuell zwischendurch kurzer Austausch in Murmelgruppen

K – kreativ gestalten, witzige Bilder

17. Vortrag mit Teilnehmeraktivierung

Ziel	innerliche und äußere Beteiligung der Teilnehmer bei einem Vortrag
Zeitbedarf	10 Minuten
Teilnehmerzahl	beliebig
Sozialform	Plenum
Material	Flipcharts, evtl. Moderationskarten

Zur Methode Reine Vorträge bieten keinem Wahrnehmungstyp die optimale Lernmöglichkeit. Niemand lernt nur durch Zuhören. Bei Power-Point-Vorträgen kommt zwar eine Visualisierung hinzu, aber über einen längeren Zeitraum wirken solche Vorträge eher einlullend als lernfördernd. PowerPoint-Vorträge sind für mich Frontalunterricht mit modernen Medien und nicht sehr lerntypgerecht.

Damit Teilnehmer Inhalte aufnehmen können, ist es notwendig, sie aktiv miteinzubeziehen. Das geht auch bei Vorträgen zumindest in kleinem Umfang, wenn Vorträge denn notwendig sind.

Ansonsten sollten sie möglichst immer durch andere Methoden ergänzt werden, bei denen die Teilnehmer den Stoff selbst erarbeiten und wiederholen können.

Sie formulieren Fragen, wählen Texte aus, schreiben Aufgaben auf Flipcharts.

Vorbereitung

Es gibt verschiedene kleine Interventionen, wie Sie eine Gruppe während eines Vortrags „wach halten" und die Teilnehmer partiell miteinbeziehen können. Hier eine Auswahl:

Durchführung

Gruppen-Aufgaben

Vor dem eigentlichen Vortrag teilen Sie die Teilnehmer in Gruppen auf – indem Sie entweder A – B – C – D durchzählen lassen oder entsprechende Zettel mit Buchstaben ziehen lassen. Jede Buchstaben-Gruppe bekommt eine andere Aufgabe, worauf sie während des Vortrags besonders achten soll.

Beispiel (Train-the-Trainer-Seminar)

- Gruppe A: Welche anderen Formen wende ich außer „Vortrag" an?
- Gruppe B: Welche konkreten Beispiele und Personen werden aufgeführt?
- Gruppe C: Welche Fragen sind noch offen? Was ist noch unklar?
- Gruppe D: Welche Möglichkeiten zur Anwendung gibt es? Welche ersten Ideen tauchen auf?

Fragen mit Handzeichen

Sie stellen eine Frage, bei der die Teilnehmer mit Handzeichen antworten. Das können Schätzfragen sein, Meinungsfragen oder Informationsfragen wie „Wer hat ...?".

Beispiele

- Wer arbeitet viel mit PowerPoint? Ja, bitte Hand heben! Nein, bitte Hand heben!
- Wer hält gerne Vorträge?
- Wer von Ihnen hört gerne Vorträge?
- Wer kann sich an einen oder mehrere Vorträge oder Redner erinnern, von denen er sehr gefesselt war? (Hier können Sie auch Beispiele nennen lassen.)

Offene Fragen und Antworten (in einem Trainer-Seminar)

Was meinen Sie, wie lange Menschen bei einem Vortrag aufnahmefähig sind und konzentriert zuhören können?

a) Jeder überlegt erst einmal für sich.
b) Sie sammeln die Antworten auf einem Flipchart.

Murmelgruppen

Nach einem Abschnitt oder nach dem ganzen Vortrag können Sie die Teilnehmer auffordern, sich in sogenannten Murmelgruppen auszutauschen (siehe V. 12). Sie geben eine konkrete Aufgabe oder Frage für die Murmelgruppen vor.

Beispiel

„Was war das Besondere an den Rednern, die Ihnen so positiv in Erinnerung sind? Sammeln Sie die Merkmale und notieren Sie sie."

Visualisierung

Auch wenn die Visualisierung keine unmittelbare Teilnehmer-aktivierung enthält, möchte ich sie in den Katalog mit Hilfen für interessante Vorträge aufnehmen. Denn die visuell orientierten Teilnehmer brauchen unterstützende Visualisierung, um einem Vortrag überhaupt folgen zu können.

Außerdem können hier schon Aufgaben stehen, die die Teilnehmer nach dem Vortrag erfüllen sollen. Das fördert ebenfalls die fokussierte Aufmerksamkeit während des Vortrags.

Auditive Formen

Für auditiv orientierte Teilnehmer eignen sich: Murmelgruppen, ein kurzer Austausch mit dem Nachbarn, Fragen und Antworten, das Aufstellen im Raum zu Stichwörtern und ein folgender Austausch darüber.

Kinästhetische Elemente

Sie können eine kleine Einlage mit „Bewegungs-Lernen" einbau-en, indem Sie die Teilnehmer bitten, einmal kurz aufzustehen. Sie nennen einen Schlüsselbegriff aus Ihrem Vortrag und ma-chen dazu eine Bewegung, die Teilnehmer wiederholen beides, sagen also gemeinsam laut den Schlüsselbegriff und machen die Bewegung nach.

Das können Sie beispielsweise zu Beginn machen, wenn Sie ei-nen Überblick über die wichtigsten Punkte des Vortrags geben, oder am Ende als gemeinsame Zusammenfassung. Oder auch mittendrin zu einem bestimmten Themenabschnitt.

Weitere Tipps für den Einstieg in einen Vortrag

- witziger oder verblüffender Einstieg
- mit einer provokativen These oder Behauptung beginnen

- Beispiele und Geschichten erzählen
- Metaphern oder Analogien verwenden
- Fragen an die Teilnehmer stellen, die diese innerlich für sich beantworten

Lerntyp   V – Flipcharts oder andere Visualisierungen anschauen
A – sich austauschen, Fragen beantworten
K – sich bewegen

18. Zahlen-Geschichten

Ziel	Einstimmung auf ein Thema, evtl. auch Wiederholung
Zeitbedarf	10 Minuten
Teilnehmerzahl	ab 5
Sozialform	Plenum, im Stuhlkreis sitzend
Material	Zettel mit Zahlen (nach Anzahl der Teilnehmer), Topf

Zur Methode   Auf fantasievolle Art steigen alle in das Thema ein, gleichzeitig ist es eine gute Übung für Kreativität und eine Gehirn-Anregung.

Durchführung

In einem Topf oder Hut liegen Zettel mit Zahlen (so viele wie Teilnehmer). Die Teilnehmer erzählen eine fortlaufende Geschichte zum Thema. Dazu zieht jeder einen Zettel mit einer Ziffer aus dem Topf. Die Zahl bestimmt die Reihenfolge, in der die Teilnehmer erzählen. Die Geschichten können ruhig etwas schräg, übertrieben und witzig sein.

Sie können damit an bisherige Inhalte anknüpfen und dann zum neuen Thema überleiten. Sie beginnen beispielsweise: „Als wir gestern mit dem Thema Zeitmanagement begonnen haben, waren alle noch ziemlich unter Stress. Das änderte sich schlagartig, als die Sanduhr klemmte ..."

Der Teilnehmer mit der Nummer 2 übernimmt nun die Geschichte und erzählt weiter, dann folgt 3, dann 4 usw.

Wenn es nicht mehr um Wiederholung, sondern um das neue Thema geht, können die Teilnehmer ihrer Fantasie freien Lauf lassen, assoziieren oder auch Vermutungen, Fragen und Einstellungen dazu formulieren.

V – innere Bilder der Geschichte assoziieren   Lerntyp
A – Geschichte erzählen
K – Spaß

19. Zeitungsschlagzeilen

Ziel	Hinführung zum Thema, Einstimmung auf ein Thema
Zeitbedarf	15 – 30 Minuten
Teilnehmerzahl	beliebig
Sozialform	Plenum, im Stuhlkreis sitzend
Material	Schlagzeilen in Briefumschlägen, Topf

Mit dieser Methode können Sie einen aktuellen Bezug zum Seminarthema herstellen, mit etwas Witz und eventuell auch mit ein wenig Provokation verbunden.   Zur Methode

Sie bereiten für jeden Teilnehmer einen Briefumschlag vor, in dem jeweils ein kurzer prägnanter Satz steht. Der Satz hat entweder direkt etwas mit dem Seminarthema zu tun, kann aber auch ein aktuelles Tagesthema aus der Zeitung betreffen, das sich als Parallele oder Brücke zum Seminarthema eignet. Sie können diese Sätze aufschreiben oder Original-Headlines aus Zeitungen ausschneiden.   Vorbereitung

Durchführung	Die Briefe stecken in einem Topf, aus dem jeder Teilnehmer einen zieht. Jeder hat kurz Zeit, seine Schlagzeile zu lesen und sich – je nach Aufgabe – dazu Gedanken zu machen oder Notizen zu schreiben. In der darauffolgenden Runde nimmt jeder seine Schlagzeile zum Anlass, diese zu kommentieren und eine Verbindung zum Seminarthema herzustellen. Das kann er auf witzige und übertriebene Weise als „Reporter" ausführen. Er kann aber auch eine provokante These in den Raum stellen, zu der dann diskutiert wird.

Beispiele zum Thema Zeitmanagement

- „Von der guten alten Zeit zur Nonstop-Gesellschaft?"
- „Wenn du es eilig hast, gehe langsam."

Variante	Diese Methode ist auch gut anwendbar für mehrtägige Seminare, damit können Seminarinhalte (vom Vortag) wiederholt werden.
Hinweis	Manche der oben aufgeführten Beispiele sind vielleicht deshalb für einige provokant, weil sie so inflationär gebraucht werden und man es schon nicht mehr hören oder lesen kann. Obwohl im Kern etwas Wahres steckt.

Diese Übung kann auch dazu führen, dass man nach der ersten Abwehr („Schon wieder so ein blöder Eso-Spruch") noch einmal genauer untersucht und bespricht:
- Was ist mit dieser Aussage eigentlich gemeint?
- Welche Beispiele (dafür oder dagegen) fallen mir aus meiner eigenen Erfahrung ein?

Und schon ist man mitten im Thema.

Lerntyp	V – Schlagzeilen lesen, Notizen machen A – sich austauschen, seine Meinung äußern K – Provokation, Spielerisches

Literaturverzeichnis

Anmerkungen

1 Etwas verändert nach Boris Zanella 2004
2 Idee der Methode von Bernd Weidenmann 2006
3 Nach der Methode „Netz-Werk" von Annette Fährmann 2004
4 Angelehnt an die Methode „Headlines" von Sabine Kanz-Thien 2004
5 Nach der Methode von Bernd Weidenmann 2006
6 Kennengelernt in einem Seminar von Albert Glossner, nach der Idee von Andrea Baltzer
7 Nach Klaus W. Vopel 1998
8 Kennengelernt bei Albert Glossner: www.abb-seminare.de
9 Nach Ralf Besser 2001
10 Schöne Geschichten finden Sie im Literaturverzeichnis etwa bei Heß, Peseschkian, Mohal oder Rainer.
11 Diese Methode stammt von Vera F. Birkenbihl, die Abkürzung steht für Kreative Analografie©, Wort-Assoziationen.
12 Weidenmann 2010.
13 Viele gute Tipps und Beispiele finden Sie in dem Buch von Axel Rachow 2006.

Literatur

Birkenbihl, Vera F.: *Das neue Stroh im Kopf.* mvg-Verlag 2000
Besser, Ralf: *Damit Seminare Früchte tragen.* Beltz Verlag 2001
Fährmann, Annette: *Netzwerk.* In: Rachow, Axel (Hrsg.): *Spielbar.* ManagerSeminare 2004
Grötzebach, Claudia (Hrsg.): *Spiele und Methoden für ein Training mit Herz und Verstand.* GABAL 2008
Grötzebach, Claudia (Hrsg.): *Trainieren mit Herz und Verstand.* GABAL 2006

Heß, Hans (Hrsg.): *Erzählbar*. ManagerSeminare 2011

Kanz-Thien, Sabine: *Schlagzeilen*. In: Rachow, Axel (Hrsg.):
Spielbar II. ManagerSeminare 2004

Klein, Zamyat M.: *Aktivierungsspiele für Seminare und Workshops*.
Haufe 2015

Klein, Zamyat M.: *Kreative Geister wecken*. managerSeminare 2006

Klein, Zamyat M.: *Das tanzende Kamel*. managerSeminare 2008

Klein, Zamyat M.: *Kreative Seminarmethoden*. GABAL 2003

Klein, Zamyat M.: *35 Spiele für die Gruppenaufteilung*. Jünger –
GABAL 2009

Klein, Zamyat M.: *150 kreative Webinarmethoden*. managerSeminare 2015

Klein, Zamyat M.: *Zauberwelt der Suggestopädie*. managerSeminare 2010

Luther, Michael; Maaß, Evelyn: *NLP-Spiele-Spectrum*. Junfermann
1994

Masemann, Sandra; Messer, Barbara: *Improvisation und Storytelling
in Training und Unterricht*. Beltz Verlag 2009

Mohal, Aley: *Der Wächter am Tor zum Zauberwald*. Junfermann 1997

Mohl, Alexa: *Der Zauberlehrling. Das NLP-Lern- und Übungsbuch*.
Junfermann 2010

Peseschkian, Nossrath: *Der Kaufmann und der Papagei*. Fischer
1997

Rachow, Axel: *Sichtbar*. ManagerSeminare 2006

Rainer, Monika: *Zwei Welten und ein Königreich*. Junfermann 1997

Schulze-Seeger, Jürgen (Hrsg.): *Abenteuer aus der Trainerhölle*. Beltz
2013

Schulze-Seeger, Jürgen: *Schwarzer Gürtel für Trainer*. Beltz Verlag
2009

Vopel, Klaus W.: *Materialien für Gruppenleiter. Teil 8: Lernen*. Isko-
press, Salzhausen 1998

Weidenmann, Bernd: *Handbuch Active Training*. Beltz Verlag 2006

Weidenmann, Bernd: *Handbuch Kreativität*. Beltz Verlag 2010

Weidenmann, Bernd: *Update für Trainer*. managerSemianre 2011

Zanella, Boris: *Gebrauchsanweisung*. In: Rachow, Axel (Hrsg.):
Spielbar II. ManagerSeminare 2004

Alle Methoden in alphabetischer Folge

Passwort von Seite 11: zmk82Fc5M#

Über die Autorin

Zamyat M. Klein, Diplom-Pädagogin mit Schwerpunkt Erwachsenenbildung, arbeitet seit 1980 als Trainerin, seit 1991 als freiberufliche Trainerin, Coach und Autorin.

Sie hat zahlreiche Zusatzausbildungen in Gestalt- und Pädagogischer Psychotherapie, Yoga, NLP und Suggestopädie absolviert und ist Gründerin der OAZE-Online-Akademie.

Über ihr Unternehmen ZamyatSeminare, Lohmar, schult sie Trainer und Mitarbeiter aus Unternehmen. Sie gilt als ausgesprochene Expertin für Kreativitätstechniken, Train-the-Trainer-Kurse und kreative Seminarmethoden. Seminare in der Natur ergänzen das Angebot: Kreativ-Walk in Deutschland und berufliche Lebensplanung in der Türkei.

Kontakt:

Zamyat M. Klein
ZamyatSeminare
Kreativ-Training & Coaching
Tel.: 02206-81767
E-Mail: info@zamyat-seminare.de
www.zamyat-seminare.de
www.oaze-online-akademie.de
www.zamyat-natur-seminare.de
Weblog: www.zamyat-seminare.de/blog
Twitter: http://twitter.com/ZamyatSeminare